# 오피스 문해력

2030 직장인을 위한 스마트 클래스

# 오피스 문해력

## Literacy for Office Workers

백승권 지음

EBS
BOOKS

**일러두기**
책에 인용한 저서와 언론 기사, SNS 게시글 등은 인용 허락을 받았습니다. 다만 연락
이 닿지 않는 등의 이유로 사전 허락을 받지 못한 경우 양해를 바라며 사후에라도 허락
을 받아 사무를 처리하도록 하겠습니다.

친애하는 워커들에게

올해 제 딸이 새내기 직장인이 됐습니다. 유치원과 초등학교에 들어갈 땐 제대로 적응할 수 있을까, 실수 때문에 난처한 상황에 처하지 않을까, 마음이 조마조마했던 기억이 납니다. 실제로 입학한 지 이삼 일 만에 배가 아프다고 유치원에서 연락이 와 하던 일을 멈추고 달려가기도 했습니다. 딸을 만나 보니 새로운 환경이 낯설어 집에 돌아가고 싶은 마음이 만든 꾀병이었다는 사실을 알고 몰래 유치원을 빠져나왔습니다. 그 후 딸은 더 이상 배 아프다는 소리를 하지 않고 씩씩하게 유치원을 다녔습니다.

　딸이 중학교, 고등학교, 대학교에 들어갈 땐 전혀 걱정이 들지 않았습니다. 상급학교 진학이 스트레스 받는 일이긴 하겠지만 이미 학교생활이 본 궤도에 올라 큰 문제가 없었습니다. 그런데 딸이 직장에 들어가자 유치원 때 하던 걱정을 다시 하게 됐습니다. 제대로 적응할 수 있을까, 실수 때문에 난처한 상황에 처하지 않을까, 걱정의 내용도 거의 비슷합니다.

직장은 학교처럼 딸을 기다려 주거나 배려하지 않습니다. 신속성과 효율성이 회사의 최고 가치이자 기준입니다. 일을 중심으로 돌아가고 무조건 성과를 내야 합니다. 쓸모 있는 사람, 일에 도움이 되는 사람이 되지 못한다면 주변의 눈총과 질시를 피할 수 없습니다. 내 할 일 하기에도 바쁜데 다른 사람을 챙겨 주기가 쉽지 않습니다.

저는 첫 직장으로 언론사에 들어갔는데 그때 생소한 언론계 용어를 잘 알아듣지 못했습니다. 선배들의 이야기를 들으며 눈만 끔벅거리다 혼났던 적이 많았습니다. 선배들의 표정이 두려워 차마 물어보지도 못했습니다. 몇 번 혼나고 난 뒤에야 대충 뜻을 짐작할 수 있었습니다. 매일 깨지면서 어깨 너머로 취재 방법과 기사 작성 요령을 배웠습니다. 밥값을 하는 직장인이 되기까지 몇 년의 시간이 흘러야 했습니다.

신입 기자이던 어느 날 하루 종일 진행된 세미나 내용을 적느라 팔에 경련과 마비까지 왔습니다. 그땐 노트북이 없어 손으로 수첩에 적었는데, 세미나 끝나고 보니 기자수첩 세 권이 빽빽한 글씨로 채워졌습니다. 그것을 원고지 일곱 매짜리 기사로 만드느라 밤을 하얗게 새웠습니다. 야마(핵심)도 잡지 못하고 있다고 온갖 핀잔과 구박을 받으면서 말입니다. 그때 자조적으로 떠돌던 말이 '싱크 오어 스윔(Sink or Swim)'입니다.

들어가며 ●

가라앉든지 아니면 헤엄치든지.

　제가 첫 직장을 다녔을 때보다 환경이나 문화는 훨씬 나아졌습니다. 대부분의 회사가 신입 직원이 업무에 잘 적응할 수 있도록 직무교육이나 카운슬링을 실시하고 있습니다. 어느 회사는 간부 직원이 주니어 직원과 대화할 때 세대 특성까지 잘 고려해 상대하라는 직무 매뉴얼도 있다고 합니다. 일방적으로 시간 외 근무나 회식을 잡는 것은 이제 상상도 할 수 없는 일이 됐습니다.

　그렇다면 이제 제 딸과 같은 주니어 직원들은 누구나 행복하게 직장생활을 하게 된 것일까요? 한국갤럽의 조사(2021년)에 따르면 직장생활에 얼마나 만족하는지 물은 결과, 직장인 중 44퍼센트만이 '만족'이라고 답했으며 '보통'은 27퍼센트, '불만족'은 30퍼센트로 답했습니다. 직장생활에 만족하는 사람이 절반을 넘지 않았습니다. 그런데 이를 세대별로 나눠 보니 25~34세는 '만족'과 '불만족' 비율이 각각 37퍼센트, 32퍼센트로, 35~44세는 47퍼센트, 31퍼센트로 45~54세는 46퍼센트, 26퍼센트로 새내기 직장인에 가까울수록 만족률이 현격히 떨어지는 것으로 나타났습니다.

　무엇이 이들을 만족하지 못하게 만드는 것일까요? 직장생활의 어려움은 급여에 대한 불만이 아니라면 직장 내 업무와 인간관계에서 비롯되는 것들입니다. 일단 상사가 무슨 말을 하는지 말귀를 잘 알아들어야 하는데 이것이 쉽지 않습니다. 부하 직원이 알아들을 수 있게 설명하는 상사도 있지만 그렇지 않은 사람도 많습니다. 상사의 지시나 질문에 적절한 응대를 해야 하는데 생각과 달리 엉뚱한 말이 입 밖으로 튀어나옵니다. 회의 때는 생각을 자신 있게 말하지 못해 묵묵부답으로 앉아 있고 발표 때는 너무 긴장해 준비한 내용을 제대로 전달하지 못합니다.

　보고서를 쓸 때면 어떻게 시작해야 할지부터 고민입니다. 선배들이 쓴 보고서를 참조해 내용을 채워 보려고 하지만 무엇을 쓰고 무엇을 쓰지 말아야 할지 막막합니다. 보고서의 목차는 도대체 어떤 의미인지 물어봐도 가르쳐 줄 사람이 없습니다. 대면보고 때는 '이게 도대체 무슨 뜻이냐? 이렇게밖에 보고를 못 하느냐?'고 온갖 지청구를 듣습니다. 자존감이 땅바닥으로 주저앉았다 땅 아래까지 꺼지는 것 같습니다.

　업무와 인간관계 양쪽에 걸쳐 있는 것이 바로 말과 글을 통한 소통의 능력, 문해력 문제입니다. 제대로 된 문해력을 갖추지 않고는 업무와 인간관계에서 만족스러운 결과를 내기 어렵습니다. 그러나 누구도 가르쳐 주기 힘든 것이 또 문해력입니다. 시니어 직원들도 어깨너머로 눈치껏 배운 것이 전부라 주니어들에게 조리 있게 설명하는 것이 어렵습니다.

　2018년 tvN에서 방영된 드라마 〈나의 아저씨〉를 좋아합니다.

그 드라마에 이런 장면이 나옵니다. 지하철 퇴근길에 우연히 박동훈(이선균 분)과 이지안(아이유 분)이 대화를 나누게 됩니다.

**동훈:** 부모님은 계시나? 할머니 때문에 물어보는 거야.

**지안:** 돌아가셨어요, 두 분 다.

**동훈:** 할머니한테 다른 자식은?

**지안:** 없어요.

**동훈:** 근데 왜 할머니를 네가 모셔? 요양원에 안 모시고?

**지안:** 쫓겨났어요. 돈을 못 내서.

**동훈:** 손녀는 부양 의무자가 아니야. 자식 없고 장애 있으면 무료로 들어갈 수 있는데, 왜 요양원에서 쫓겨나? 아, 혹시 할머니랑 주소 같이 되어 있나? 주소지 분리해. 같이 사는 데다가 네가 소득이 잡히니까 혜택을 못 받는 거 아니야. 주소지 분리하고 장기요양등급 신청해.

이지안은 눈을 동그랗게 뜨며 박동훈의 이야기를 듣습니다. 이지안은 그동안 회사에 다니며 채권자의 폭력과 협박을 견디며 혼자서 노쇠한 할머니를 힘겹게, 너무 힘겹게 부양해 왔습니다. 그런데 제도의 도움을 받을 수 있다는 놀라운 사실을 발견한 것입니다. 이지안은 박동훈의 한마디로 힘겨운 삶의 무게를 덜어 낼 수 있는 길을 찾은 것입니다.

박동훈은 이지안에게 이렇게 이야기합니다.

"그런 거 가르쳐 주는 사람도 없었냐?"

이 책을 쓰면서 이 장면이 늘 머릿속에 맴돌았습니다. 제 딸과 같은 주니어 직장인들에게 이 책이 '그런 거'가 되길 희망합니다. 이 책을 통해 직장인이 문해력을 높일 수 있는 분명한 방법과 요령을 배우게 될 것입니다. 이 책을 읽고 나면 이전 직장생활과는 전혀 다른 모습의 자신을 만나게 될 것입니다. 건투를 빕니다.

## CONTENTS

LITERACY
FOR
OFFICE WORKERS

# 오피스 문해력 테스트

1. 다음은 대학교에 전자 논문을 서비스하는 회사가 ○○ 솔루션을 개발하고 대학교를 상대로 영업한 내용을 담은 결과 보고서입니다. 결재권자가 궁극적으로 알고 싶은 부분은 몇 번인가요?

---

### ○○ 솔루션 영업 결과

**1. 영업기간 및 대상**
- 영업기간: 2014.1. ~ 2.
- 대상: 소형 대학 도서관(22), 중대형 대학(20)

**2. 영업 대상 유형별 반응**
- 소형 대학교: 기능과 필요성에 대해 매우 긍정적 반응 등
- **중대형 대학교: 큰 이점을 느끼지 못해 회의적 반응**

**3. 향후 전략**
- 소형 대학교를 주 타깃으로 잡고 영업 진행
- 홈페이지 업그레이드 문제는 도서관 통해 홈페이지 업체 우회적 압박

**4. 기대효과**
- 이용자의 편의성 증대에 대한 공감대 형성

---

① 1　　② 2　　③ 3　　④ 4

2. 다음은 한 장애인 센터 홈페이지에 있는 안내문입니다. 홈페이지의 이용자가 가장 궁금해할 내용은 무엇일까요?

---

1. A 시가 최초로 성인 발달장애인 특화 시설로 B 장애인 센터를 건립해 운영하고 있습니다.
2. 국회에서 2017년 7월 26일 제정된 「발달장애인 권리 보장 및 지

원에 관한 법률(제14839호)」에 따라 '발달장애인의 사회 참여를 촉진하고, 권리를 보호하며, 인간다운 삶을 영위하는 데 이바지함을 목적'으로 합니다.

3. 본 센터의 미션은 사람 중심 관점을 기반으로 사람, 직업, 환경의 조화를 이뤄 내는 것입니다.

4. 본 센터는 성인 발달장애인을 대상으로 자립 및 교육 활동을 지원하고 돌봄 서비스를 제공합니다.

① 1        ② 2        ③ 3        ④ 4

3. 다음 칼럼에서 핵심 내용(독자의 결정 판단을 위한 결론, 용건이나 근거)에 해당하지 <u>않는</u> 것은 무엇일까요?

배우 박신혜는 한 배달앱 광고에서 이런 투정을 한다. "왜 배달 음식 주문만 통화를 할까. 스마트폰으로 옷 살 때 통화해? 책 살 땐? 영화표 살 땐?" 광고가 전달하는 뜻은 간단하다. '전화 주문 없이도 음식 배달이 가능하다'는 것이다.

"자장면 두 그릇이요", "오리지널 치킨 한 마리요" 등등 여타의 말이 필요 없이 원하는 메뉴를 손가락으로 꾹꾹 누르고 결제만 하면 된다. 수수료 때문에 부정적 인식도 더러 있지만 배달 애플리케이션을 통한 매출 규모는 연 1조 원대로 성장하고 있다고 한다.

편리함으로 치자면 작년 중반부터 선풍적인 인기를 끌고 있는 셀카봉만 한 것도 없다. 길게는 1미터까지 늘어나는 봉 끝에 휴대폰을 고정하는 셀카봉은 여러 사람이 함께 이탈자 없이 사진을 찍을 수 있다는 장점이 있다. 상하좌우 다양한 각도에서 여러 가지 연출도 가능하다. 시사주간지 「타임」이 지난해 최고의 발명품 중 하나로 꼽기도 했던 셀카봉은 최근 줌 기능까지 탑재해 편리함을 더해 가고 있다. 셀카봉의 출현과 함께 유명 관광지에서 흔히 들을 수 있던 "사진 좀 찍어 주실래요?"라는 말은 서서히 자취를 감추고 있다.

「탈무드」에는 "입은 말을 통해서 사람의 육신이 공간 속에서 겪는 문제를 해결할 수 있게 해주며, 사람은 말을 함으로써 공간 속에 자기 자리를 잡고 타인과 관계를 맺으며 살아가게 된다"라고 적혀 있다. 하지만 손이 곧 입이 된 디지털 사회에서 사람은 '말'이라는 매개체 없이도 손가락 움직임 하나로 배달 음식을 주문하며, 어느 누구의 도움 없이도 혼자서 사진을 찍고 길을 찾을 수 있게 됐다. 더불어 타인에게 말 걸기는 더욱 어려워지는 단절의 시대가 함께 찾아왔다. 어느 때보다 더 타인과의 소통을 강조하지만 가장 쉽고 흔한 소통조차 사라지고 있는 모순된 사회. 디지털 사회의 편리함 속에 잊고 있는 것은 과연 무엇일까.

**_김양희, "[유레카]배달앱·셀카봉의 슬픈 이면", 「한겨레」**

① 배달앱 때문에 여타의 말이 필요 없이 원하는 메뉴를 손가락으로 꾹꾹 누르고 결제만 하면 된다.

② 셀카봉의 출현과 함께 유명 관광지에서 흔히 들을 수 있던 "사진 좀 찍어 주실래요?"라는 말은 서서히 자취를 감추고 있다.

③ 「탈무드」에는 "입은 말을 통해서 사람의 육신이 공간 속에서 겪는 문제를 해결할 수 있게 해주며, 사람은 말을 함으로써 공간 속에 자기 자리를 잡고 타인과 관계를 맺으며 살아가게 된다"라고 적혀 있다.

④ 디지털 사회 때문에 타인에게 말 걸기는 더욱 어려워지는 단절의 시대가 찾아왔다.

4. 다음은 국회의 입법 보고서입니다. 다음 내용을 요약할 때 빠져
   도 무방한 부분을 골라 보세요.

---

■ 현황

○ 현행 「국회법」은 국회의원의 겸직을 포괄적으로 허용하면서(「국회
법」 제29조), 의원의 영리업무 종사에 대하여는 의원 전체에 적용되
는 일반적 규정이 없음.

– 국가공무원의 경우 직업 공무원이라는 특수성이 있기는 하나, 공무
외에 영리업무, 특히 직무 수행에 지장을 야기하거나 부당한 영향을
미치는 영리업무에 종사할 수 없도록 명문으로 규정하고 있음(「국가
공무원법」 제64조 및 「국가공무원 복무규정」 제25조).

○ 다만, 상임위원의 직무 관련 영리행위에 대하여, "상임위원이 그
직무와 관련하여 영리행위를 하지 못한다."고 규정함(「국회법」 제40
조의2).

– 이 규정에 근거하여 「공직자윤리법」상의 주식백지신탁이 이루어지
고 있는데, 의원이 보유한 주식과 소속상임위 업무와의 관련성 여부
에 따라 주식백지신탁 여부가 결정됨.

■ 문제점

○ 국회의원에게는 사실상 급여의 형태로 수당·입법활동비·특별활동
비가 지급되고 있고, 보좌진 급여와 국회청사 내 사무실 운영경비 등
활동비가 국회소관 예산으로 지원되고 있으며, 후원회를 통하여 모금
된 정치자금을 지역구 사무실 운영 등 정치활동을 위하여 지출할 수
있음.

○ 이와 같이 국회의원의 생계 및 정치활동에 필요한 비용지원이 이
루어지고 있음에도 불구하고, 국회의원 겸직이 포괄적으로 허용되어
있을 뿐만 아니라, 소속 상임위 업무와 관련이 없으면 영리업무도 사

---

실상 허용된 상황은 일종의 특혜로서 부적절하다는 지적이 제기됨.

○ 특히, 변호사나 의사 등 전문직종 출신 의원의 경우 임기개시 후에도 해당 전문직 활동을 휴직(휴업)하지 않고, 관련 사건의 수임이나 고문 등을 통하여 영리행위를 하는 경우가 발생하고 있는데, 이는 국회의원의 청렴의무에도 반할 뿐만 아니라 국회의원 지위를 이용한 부적절한 영리적 이득이라는 지적이 계속 제기됨.

① 국가공무원의 경우 공무 외에 영리업무, 특히 직무 수행에 지장을 야기하거나 부당한 영향을 미치는 영리업무에 종사할 수 없도록 명문으로 규정

② 국회법은 의원의 영리업무 종사에 대해 '상임위원이 그 직무와 관련하여 영리행위를 하지 못한다'는 조항 외에 일반적 규정이 없음

③ 국회의원이 수당·입법활동비·특별활동비 등을 비용지원을 받으며 후원회를 통해 정치자금을 모금할 수 있는데도 영리업무가 허용된 상황은 특혜

④ 특히 변호사, 의사 등 전문직 출신이 임기 중에도 사건 수임, 고문 등 영리 행위를 하는 것은 청렴의무 위반이며 지위를 이용한 부적절한 영리 추구

5. 다음은 한 회사에서 워크숍에 참가할 직원들에게 보내는 이메일입니다. 결론이나 용건부터 전달하는 두괄식 방식으로 이메일을 쓴다고 가정할 때 가장 앞에 와야 할 내용은 무엇일까요?

1. 김성주 팀장이 갑작스러운 중국 출장으로 이번 주 화요일에 예정

된 '신사업 개발 TF' 워크숍에 참여할 수 없게 됐습니다.

2. 조경원 팀장은 이번 주 다른 요일에 일정을 내기 어렵고 다음 주엔 화~목요일 가능하다고 합니다.

3. 워크숍 일정을 다음 주 수요일 오후 2시로 잡으면 어떨까요?

4. 워크숍 장소는 다음 주 수~목요일 예약이 가능합니다.

① 1　　② 2　　③ 3　　④ 4

6. 다음 중 상위 카테고리와 하위 카테고리 연결이 적절하지 <u>않은</u> 것은 무엇일까요?

① 교육 – 초등학교 공기정화장치 지원, 중학교 신입생 무상교복 지원

② 관광 – 외국인 출입국 지원 체계 마련, 소상공인복합지원센터 구축 운영

③ 보건 – 산후조리비 지원, 치매 통합 관리 시스템 구축

④ 환경 – 미세먼지 저감 대책, 무단투기 단속반 확대 운영

7. 다음 예문 내용을 기획 보고서 형식으로 정리할 때 목차와 내용의 연결이 적절하지 <u>않은</u> 것은 무엇일까요?

**국회의원 배지 한글화하기로**

1. 국회는 국회의원 배지와 국회기 문양의 한글화를 추진하기로 했다.

2. 국회사무처는 국회운영제도개선소위원회가 금일 국회의원 배지 한글화를 합의함에 따라 향후 도안 작업 및 의견 수렴을 거쳐 한글화 작

업을 추진할 계획이다.

3. 국회사무처가 최근 국회의원을 대상으로 국회의원 배지 및 국회기의 한글화에 대한 설문조사를 실시한 결과, 응답 의원 232인 중 72.4%(168인)가 한글화에 찬성했다.

4. 그동안 현재의 국회의원 배지 문양과 관련하여 '國(국)'자가 한자 '或(혹)'자로 오인된다는 의견과 함께, 국회의 상징 문양을 우리 고유 문자인 한글로 표기해야 한다는 주장이 꾸준히 제기되어 왔다.

5. ○○○ 사무총장은 "우리 국회가 2003년부터 의석명패를 한글로 표기하기 시작했고, 작년 10월에는 한글날에 즈음하여 본회의장의 「議長」(의장) 명패를 한글로 교체하는 등 한글 표기에 앞장서 왔다"고 말했다.

6. 이번 결정은 국민의 대표기관인 국회가 앞장서서 한글 사용에 모범을 보이는 좋은 계기가 될 것으로 전망된다.

① 3 - 추진배경
② 4 - 현황·문제점
③ 5 - 해결방안
④ 6 - 기대효과

8. 다음은 문단 순서를 뒤섞어 놓은 어느 회사의 보도자료입니다. 이 보도자료의 첫 번째 문단(전문, 리드문)으로 적절한 것은 어느 부분일까요?

1. 2016년 6월 현재, 전국 2,200여 개의 차고지에 5천 대의 공유차량을 서비스하고 있는 ○○는 카셰어링 서비스 이용에 가장 중요한 요소인 접근성을 크게 개선했다는 평가를 받고 있다. 전국 주요 도시 기준으로 10분 내 거리에서 이용이 가능하도록 인프라를 확대함으로써,

카셰어링 서비스의 잠재 수요를 이끌어 낼 수 있을 것으로 기대된다.

2. ○○ ○○○ 사업본부장은 "○○가 서비스 시작 4년 만에 공유차량 5천 대 돌파라는 전인미답의 고지를 밟을 수 있었던 배경에는 고객들의 적극적인 참여가 있었다"며 "대한민국 카셰어링 문화를 더욱 풍성하게 하기 위한 다양한 노력을 경주할 것"이라고 밝혔다.

3. 아울러 ○○ ○○○에서는 이번 공유차량 5천 대 돌파를 기념하여 '○○ 5천 대 ○○ ○○○'라는 타이틀로 다양한 이벤트를 진행하고 있다. 전국 500개 기념 ○○존(차고지)에서 50% 할인된 대여요금으로 카셰어링 서비스를 이용할 수 있으며, SUV 차종에 한해 5시간 이상 이용 시 주행거리 50킬로미터까지 주행요금을 면제해 주고 있다. 아울러 최근 론칭한 ○○○ 프리미엄 차종(520d, X3)에 대해서도 할인 및 무료 쿠폰을 지급하는 등 고객의 다양한 니즈를 충족시키기 위한 이벤트를 운영 중이다.

4. 대한민국 1등 카셰어링 ○○가 국내 업계 최초 공유차량 5천 대를 돌파했다고 밝혔다. 2012년 제주에서 100대 차량으로 서비스를 시작한 이후 4년 만에 달성한 성과로 전 세계 유래를 찾기 힘든 빠른 성장세다.

① 1    ② 2    ③ 3    ④ 4

9. 다음의 통계 그래프를 보고서로 표현했을 때 적절하지 <u>않은</u> 것은 무엇일까요?

① 2015년에서 2020년까지 64.9퍼센트의 이용자가 감소했다.

② 2015년에서 2020년까지 35.1퍼센트 수준으로 이용자가 감소했다.

③ 2015년에서 2020년까지 초등생 이용률은 11.5퍼센트 증가했다.

④ 2015년에서 2020년까지 중고생 이용률은 8.5퍼센트 감소했다.

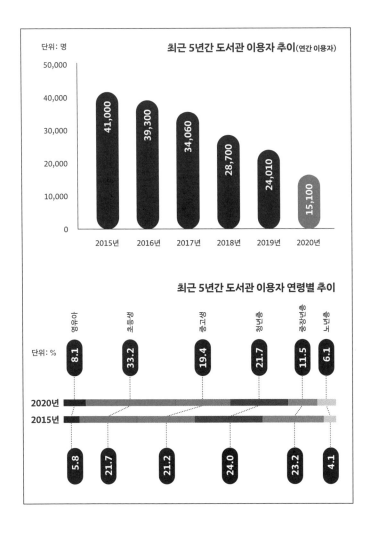

단위: 명

## 최근 5년간 도서관 이용자 추이(연간 이용자)

| | |
|---|---|
| 2015년 | 41,000 |
| 2016년 | 39,300 |
| 2017년 | 34,060 |
| 2018년 | 28,700 |
| 2019년 | 24,010 |
| 2020년 | 15,100 |

## 최근 5년간 도서관 이용자 연령별 추이

단위: %

| | 영유아층 | 초등생층 | 중고생층 | 청년층 | 중장년층 | 노년층 |
|---|---|---|---|---|---|---|
| 2020년 | 8.1 | 33.2 | 19.4 | 21.7 | 11.5 | 6.1 |
| 2015년 | 5.8 | 21.7 | 21.2 | 24.0 | 23.2 | 4.1 |

(10~13) 다음의 지문을 읽고 문제에 답하시오.

1. 보건복지부(장관 조○○)는 지난 12월 27일 대통령의 "국고보조금 지원체계 전면 재정비" 지시에 대한 후속 조치로 복지 분야에 대한 국고보조금 감사를 실시하여 불법 집행을 막고 예산 낭비 요소를 근절할 계획이다.

이를 위해, 이○○ 제1차관을 단장으로 하고 감사, 재정 관련 부서가 참여하는 「복지 분야 국고보조금 관리 강화 추진단」(이하 추진단)을 구성하고, 최근 3년(2020~2022년)간 보건복지부가 직접 지원한 34개 사업(1,142억 원), 지자체를 통해 지원한 20개 사업(9,301억 원), 산하 공공기관을 통해 지원한 21개 사업(3,674억 원) 등 총 75개 사업(2022년 예산 기준 1조 4,117억 원, 감사원 감사실시 사업 등 제외)에 대한 감사를 실시하고 보조금 관리 제도 개선방안을 마련할 계획이다.

2. 추진단은 1월 17일(화) 이○○ 제1차관 주재로 부내 보조금 사업 담당국장 및 17개 시·도 복지국장 등과 함께 비영리 민간단체 보조금 감사를 위한 영상회의를 개최하였다.

3. 이○○ 제1차관은 "보조금 부정수급 관리 강화는 사후관리 외에도 보조금 지급 대상 선정부터 집행, 정산, 사후관리에 이르기까지 전 과정에 걸쳐 세심하게 이루어져야 함"을 강조하면서, 보건복지부와 지자체가 비영리 민간단체에 매칭하여 지급한 보조금의 감사과정에 시·도의 협조를 당부하였다.

4. 또한, 이번 감사 과정에서 발견된 문제 사업은 개선하고, ㉠보건복지부 소관 보조금의 관리체계 개편안도 2023년 4월까지 마련한다.

보건복지부는 보조금 부정수급 신고를 활성화하고 부정수급을 예방하기 위해 신고 포상금 지급액을 국민권익위원회 포상관리 규정 수준으로 상향조정*하였고(2022. 10. 13, 「사회보장급여 부정수급 신고처리 및 신고포상금 지급에 관한 고시」, [별표2]), 이번 감사 기간(~2023. 3. 31) 동안 '보조금 부정수급 집중 신고 기간'을 운영한다.

 * (기존) 환수금액 500만 원 이하(환수 결정액의 30%), 500만 원 초과 1천만 원 이하(환수 결정액의 20%), 1천만 원 초과(환수 결정액의 10%) ⇒ (변경) 환수금액 1억 원 이하(환수 결정액의 30%), 1억 원 초과 5억 원 이하(3천만 원+1억 원 초과금액의 20%), 5억 원 초과 20억 원 이하(1억 1천만 원+5억원 초과 금액의 14%), 20억 원 초과 40억 원 이하(3억 2천만 원+20억 원 초과 금액의 8%), 40억 원 초과(4억 8천만 원+40억 원 초과 금액의 4%)

보건복지부 소관 비영리 민간단체 보조금 등 보조금 부정수급 신고는 인터넷(보건복지부 홈페이지 복지로 부정수급 신고센터), 전화(보건복지상담센터 129), 팩스(044-202-3906)를 이용하면 된다.

10. 다음 중 위 글의 내용을 <u>잘못</u> 이해한 사람은 누구인가요?

① A: 이번 보조금 감사는 지난 12월에 대통령이 지시한 내용에 대한 후속 조치다.

② B: 이번 보조금 감사는 보건복지부가 지원한 75개 사업에 대해서만 진행한다.

③ C: 4월 말이면 발견된 문제 사업의 개선까지 모두 완료된다.

④ D: 보조금 부정수급 신고는 3월 말까지 인터넷, 전화 등 다양한 방법으로 할 수 있다.

11. 변경된 신고 포상금 지급액에 대한 설명으로 맞지 <u>않는</u> 것은 무엇인가요?

① 환수금액이 1억 원이라면 신고포상금은 3천만 원이다.
② 환수금액이 2억 원이라면 신고포상금은 5천만 원이다.
③ 환수금액이 5억 원이라면 신고포상금은 1억 원이다.
④ 환수금액이 20억 원이라면 신고포상금은 3억 2천만 원이다.

12. 본문 내에서 다음 문장이 위치하기 가장 적절한 곳을 고르시오.

> 보건복지부는 비영리 민간단체 지원 보조금에 대해 2월 말까지 1차 감사를, 그중 문제 사업은 3월 말까지 회계 전문가를 중심으로 한 민간자문단과 공동으로 심층 감사를 실시하고, 불법 사항은 보조금 환수, 수사 의뢰, 고발 등 엄중 조치할 계획이다.

① 1      ② 2      ③ 3      ④ 4

13. ㉠에 대한 보고서를 작성할 때 보고자가 참고해야 할 자료가 아닌 것은?

① 최근 3개년 보건복지부 소관 보조금 운영 현황
② 비영리 민간단체 보조금 감사를 위한 추진단 영상회의(1. 17.) 결과
③ 비영리 민간단체 지원 보조금 관련 감사 결과
④ 국내 다른 기관의 보조금 관리 체계

LITERACY
FOR
OFFICE WORKERS

PART 02

# 당신의 문해력,
# 안녕하십니까?

# 직장 경쟁력,
# 결국 문해력이
# 판가름한다

## 토익 만점 A와 글 잘 쓰는 B

A와 B는 학교를 졸업하고 회사에 입사했습니다. A는 만점에 가까운 토익 점수를 포함해 입사 성적이 월등히 좋았고 B는 간신히 합격선을 넘는 수준이었죠. 두 사람은 신입사원 OJT를 마치고 같은 부서에 배치됐습니다.

올해 승진 심사를 앞두고 있는 D 팀장은 입사 성적이 우수한 A가 자신의 부하 직원으로 들어온 것이 너무 기뻤습니다. 어느 때보다 많은 성과를 내야 하는데, A처럼 유능한 직원과 한 팀이 돼 잔뜩 기대에 부풀었습니다.

D 팀장은 A가 유창한 영어 실력을 보여 줄 때마다 '정말 물

건이 하나 들어왔다'고 생각하며 흐뭇한 마음으로 바라봤습니다. 현재 팀의 업무상 딱히 외국어를 쓸 일이 별로 없는 점이 안타까울 정도였습니다. A가 영어를 잘하니 다른 능력은 볼 것도 없을 거란 생각에 A에 대한 D 팀장의 기대는 점점 커졌습니다.

반면 입사 성적 턱걸이로 자신의 팀에 배치된 B를 생각할 때마다 D 팀장은 일종의 '끼워팔기' 아닌가 하는 의구심으로 인사팀을 바라봤습니다. 그러고는 B에게는 다른 팀으로 옮겨갈 때까지 허드렛일이나 살살 시키면서 적당히 관리하자고 마음먹었습니다.

어느 날 팀에 큰 프로젝트가 떨어졌습니다. D 팀장은 프로젝트의 성공 여부가 승진에 결정적 영향을 미칠 것이라는 직감이 들었죠. 팀 회의를 열어 전체 기획의 콘셉트를 잡고 제안서 작성을 위해 각자의 역할을 분담했습니다.

이번 프로젝트는 해외 시장 조사와 해외 업체에 대한 벤치마킹이 핵심이었습니다. D 팀장은 기쁜 마음으로 A에게 임무를 맡겼습니다. 드디어 A를 팀원으로 받은 보람을 확인하는 순간이었습니다. B에겐 프로젝트 관련 소재 국내 기업 현황 파악과 시장 가격 및 상황을 조사하는 역할을 맡겼습니다.

각자 분담한 내용을 마감하는 날이었습니다. D 팀장은 설레는 마음으로 A가 그룹웨어로 보낸 메일을 클릭했습니다. 파일이 수십 개였습니다. D 팀장은 '뭘 이렇게 많이 보냈지?' 의아해하면서도 '성실성까지 갖췄군. 열심히 자료를 조사했어'라고 기특하게 여기며 파일을 하나하나 열어 봤습니다.

A의 영어 실력은 역시 대단했습니다. 어지간한 영어 실력으로는 찾기 힘든 전문 자료까지 망라했습니다. D 팀장도 이 분야는 제법 안다고 생각했는데, A가 보낸 자료를 보니 자신은 '우물 안 개구리'였다는 생각이 들 정도였습니다. D 팀장은 감탄하며 자료를 하나씩 열어 봤습니다.

자료를 다 열어 보고 난 뒤 D 팀장은 갑자기 허탈한 생각이 들었습니다. 이 방대한 자료 더미에서 보고에 필요한 내용을 발췌하고 인용하기 위해 도대체 얼마나 많은 시간과 노력을 기울여야 할지 생각하니 아득한 생각이 들었습니다. D 팀장은 A에게 이 자료를 바탕으로 보고서에 필요한 핵심만 추출해 다시 보고하라고 지시했습니다.

D 팀장은 B가 보낸 메일을 클릭해 열어 봤습니다. D 팀장의 눈길을 사로잡은 것은 메일의 본문이었습니다. B는 자신의 보고 내용을 항목별로 정리해 15문장 이하로 설명하고 있었습니다. 본문만 봐도 보고서에 필요한 내용이 얼추 다 들어 있었습니다. 직접 발품을 팔거나 관련 전문가를 만나 인터뷰를 한 내용도 포함돼 있었습니다.

첨부 파일을 클릭하자 압축 파일이 나타났습니다. 압축 파일을 다운받고 압축을 풀자 본문에 있는 내용이 보고서 형식으로 정리된 파일 제목이 먼저 눈에 띄었습니다. 그 파일을 열어 보니 보고 내용마다 어느 자료를 참조했는지, 누구를 만나 취재했는지 하이퍼링크가 걸려 있었습니다. 보고 내용을 더 자세하게 알고 싶으면 하이퍼링크를 클릭해 폴더 안 다른 참고 자료를 살펴볼 수 있게 배려한 것이었습니다.

B의 보고 내용은 몇 자만 수정하면 제안서에 그대로 붙여 써도 될 만한 수준이었습니다. D 팀장은 B의 문서 작성 능력에 놀라움을 감출 수 없었습니다. '끼워팔기'라고 경솔하게 생각한 자신을 책망하며 B에게 미안한 마음까지 들었습니다.

이틀 후 A의 보고를 다시 받아 봤습니다. A의 보고는 힘겹게 핵심을 도출하긴 했지만 내용과 내용 사이의 논리적 맥락이 맞지 않았습니다. 여러 헝겊 조각을 이어 붙인 누더기 같다는 생각이 들었습니다. 하늘 높은 줄 모르고 상승했던 A에 대한 기대가 땅 밑까지 파고드는 실망으로 점점 바뀌고 있었습니다.

D 팀장은 A의 보고서를 다듬고 수정할 짬이 나지 않았습니다. A에게 다시 고쳐 오라고 해도 좋아질 가능성이 없다는 사실도 알게 됐습니다. D 팀장은 A의 보고서를 B에게 주며 일목요연하게 정리해 보라고 지시했습니다. B는 A의 보고서를 받아 하루 만에 자신이 쓴 보고서 수준으로 수정해 D 팀장에게

내밀었습니다.

D 팀장은 궁금했습니다. B가 보고서를 써 본 경험이 없을 텐데 도대체 어디서 그런 문서 작성 능력을 배웠는지 물어봤습니다. B는 대학교 1학년 때부터 독서 동아리 활동을 꾸준히 했다고 답했습니다.

B가 활동했던 동아리는 다른 동아리와 달리 책을 읽고 반드시 요약하는 것이 회원의 의무였습니다. 또한 각자 임의대로 요약하는 것이 아니라 미니어처를 만들 듯 책 내용 전체를 목차 순서에 따라 요약해야 한다고 B는 덧붙였습니다. D 팀장은 그제야 B가 어떻게 보고서를 잘 쓸 수 있었는지에 대한 궁금증이 풀렸습니다.

D 팀장은 B 덕분에 제안서를 잘 마무리하고 프로젝트도 성공적으로 마쳤습니다. 이후 D 팀장은 보고서나 제안서를 써야 할 만큼 비중 있는 일은 늘 B에게 맡기고 A에겐 주로 자료 조사 업무를 배당했습니다. 결과적으로 B는 바쁘고 힘들긴 했지만 자신의 능력을 보여 줄 수 있는 다양한 기회를 가진 반면, A는 영어를 잘한다는 사실 이외엔 딱히 관심을 끌 만한 것이 없었습니다.

# 문해력이 최고의 직무 능력

D 팀장은 부장으로 승진하면서 자신이 옮겨 간 부서의 핵심 팀으로 B를 데려갔습니다. 몇 년이 흐르자 A는 사내에서 그만 그만한 수준의 사원으로 평판이 생겼고 B는 동기 중 제일 먼 저 대리로 승진하게 됐습니다. 어느 날 D 부장은 인사 담당 부 장과 이런 이야기를 나눴습니다.

> **D 부장:** 입사 시험에 토익 비중이 너무 높은 거 아닌가요?
>
> **인사부장:** 갑자기 왜요?
>
> **D 부장:** 솔직히 회사에서 영어를 쓸 일이 얼마나 있겠어요. 요즘엔 번역앱도 잘 나와서 PDF 문서까지 전문 번역가 수준으로 풀 어 주던데요.
>
> **인사부장:** 현업 활용도 때문에 토익 점수를 보는 건 아니고요. 토익 점수 높은 친구들이 대체로 학습 능력도 우수하고 생활 태 도도 성실하니까요.
>
> **D 부장:** 좀 아이러니하네요.
>
> **인사부장:** 지금으로선 출신 대학과 성적을 빼고 나면 토익 이외엔 마 땅한 평가 기준이 없어요.
>
> **D 부장:** 저도 그렇고 후배들도 그렇고 회사 생활에선 문해력이나 문 서 작성 능력이 제일 중요한 거 아닌가요? 그러면 그 능력으

로 사람을 뽑아야지요.

**인사부장:** 저도 공감하죠. 그런데 문해력이나 문서 작성 능력을 평가할 길이 마땅히 없어서요.

**D 부장:** 정말 안타까운 일이군요. 회사가 요구하는 능력과 신입 직원이 보유한 능력이 일치하지 않아 엄청난 인사 난맥을 겪고 있고 교육 비용도 만만치 않게 사용하고 있는데.

**인사부장:** 그러게 말입니다. 어디서부터 잘못됐는지.


실제로 직장인에게 문해력은 업무 능력의 대부분을 좌우할 만큼 중요합니다. 업무의 대부분은 텍스트(말과 글)를 매개로 한 소통 행위로 진행되니까요.

가장 중요하고 빈번하게 활용하는 소통 행위 중 하나는 이메일과 보고서입니다. 이메일과 보고서를 정확하게 이해하고 필요한 정보를 빠르게 파악하는 문해력은 직장인의 필수 요건입니다. 직장인이라면 문해력을 갖춰야 업무의 효율성을 높여 업무를 원활하게 진행할 수 있습니다. 만일 문해력을 갖추지 못했다면 이메일과 보고서의 내용을 잘못 이해하거나 필요한 정보를 빠뜨려 잘못된 결정이나 실행으로 이어져 업무에 큰 차질을 빚게 됩니다.

문해력은 회의를 할 때도 중요합니다. 회의가 잦은 직장인에겐 이른바 말귀를 제대로 알아듣는 것이 기본입니다. 회의에선 많은 의견이 제시되고 여러 가지 사항이 결정됩니다. 문해력이 높은 직장인이라면 빠르게 오고가는 다양한 의견과 결정 사항을 신속하게 파악해 자신의 의견을 충분히 개진할 수 있습니다. 또한 회의의 결과가 적절한 실행과 조치로 이어질 수 있도록 역할을 합니다.

반면 문해력이 낮은 직장인들은 회의 내용을 제대로 파악하지 못해 효과적인 의사결정과 업무 처리에 심각한 장애를 초래합니다. 자신의 의견을 거의 말하지 않고 묵묵부답으로 앉아 있어 회의 분위기를 망치기도 합니다.

다양한 전문 용어를 사용하고 기술 문서를 다루는 업종에선 특히 문해력이 중요합니다. 한 예로 IT 분야에서는 하루가 다르게 새로운 기술을 설명하는 개념이나 용어들이 쏟아져 나옵니다. 만약 이를 제대로 따라가지 못한다면 업무를 정상적으로 수행할 수 없습니다. 의료 분야에서도 다양한 의학 전문 용어를 이해해야 간호사, 병원이나 약국의 스태프, 의료기기나 제약업 관련 종사자로 일할 수 있습니다.

문해력은 직장 내 관계와 협력에도 큰 영향을 미칩니다. 문해력이 높은 직장인은 동료와 대화하면서 그의 의견이나 요구를 정확하게 이해하고 그에 맞게 적절한 응대를 할 수 있습니다. 그 결과 동료로부터 인정받고 더 나은 협력을 이끌어 낼 수 있습니다. 이러한 직장인이 많아야 회사의 팀워크가 활성화되고 업무의 배분과 협력이 원활하게 이뤄질 것입니다.

　문해력의 차이는 단순히 소통의 질적 차이뿐만 아니라 경제적, 사회적 격차를 만들어 낸다는 통계도 있습니다. 직장인이 기본적인 문해력을 갖추지 못할 경우 노동을 위한 교육 및 훈련을 받기 어렵고 결국 양질의 직업을 갖지 못해 소득의 차이가 난다고 합니다.

　경제협력개발기구(OECD)가 2013년 발표한 국제성인역량조사(PIAAC·16~65세 대상)에 따르면, 문해력이 높은 상위 12퍼센트의 사람들이 최하위 3.3퍼센트보다 60퍼센트 이상 높은 평균 시급을 받고 있었으며 취업 가능성은 두 배 이상 높았습니다.

　문해력은 삶의 질에도 깊은 영향을 미친다고 합니다. 2017년 국가평생교육진흥원의 '성인문해능력조사'에 따르면 문해력이 높을수록 다양한 의사결정 과정에 적극 참여할 수 있기 때문에 정치적 관심도, 생활 만족도가 높아집니다. 국민의 문해력이 높아야 우리 사회의 민주주의와 경제적 성장 수준도 높아진다는 의미로 해석할 수 있습니다.

# MZ세대
# 오피스 문해력
# 현 주소

## 사오정과 MZ세대

사오정 아들이 사오정에게 물었다.

"아빠, 냉장고에 있는 사이다 마셔도 돼요?"

사오정이 TV를 보며 아무 대답이 없자 아들은 팔을 잡고 흔들며 다시 물었다.

그러자 사오정이 버럭 소리를 내질렀다.

"야. 귀찮게 굴지 말고 냉장고에 있는 사이다나 마셔."

1990년대 말과 2000년대 초에 유행했던 사오정 시리즈의 한 토막입니다. 다른 사람의 말을 아예 듣지 않거나 제대로 들지 않아 동문서답식 대화를 주고받으며 생기는 해프닝이 사오정 시리즈의 기본 콘셉트입니다. 당시 매일같이 새로운 사오정 시리즈가 쏟아져 나오고 온갖 종류의 사오정 이야기가 사람들의 입길과 인터넷에 오르내리며 빠르게 퍼져 나갔습니다.

주인공 사오정을 비롯해 시리즈에 등장하는 인물들은 하나같이 자신만의 이야기를 하고 있습니다. 같은 공간에서 같은 화제를 이야기하고 있지만 티키타카는 전혀 이뤄지지 않고 각자의 말이 허공에서 따로따로 놉니다. 비슷한 시기에 등장한 만득이 시리즈, 최불암 시리즈도 비슷한 콘셉트의 유머들입니다.

사오정 시리즈에는 IMF 사태, 세기말과 밀레니엄의 시작이라는 시대적 분위기, 당시 사람들의 심리 상태가 맞물려 유머 코드로 반영돼 있습니다. IMF로 한순간 삶의 터전이 허물어졌지만 각자도생할 수밖에 없는 현실은 고립과 단절의 문화를 만들었습니다. 결국 그 속에서 사람들은 지나친 자기중심적 경향에 빠질 수밖에 없었고 정상적 소통이 불가능하다는 무력감으로부터 헤어 나오지 못했습니다. 가장 긴밀해야 할 부모와 자식, 부부, 친구, 동료, 연인 사이에 어김없이 사오정과 같은 고립과 단절이 자리했습니다. 교사와 학생, 대표와 직원 사이는 말할 것도 없습니다.

사오정 시리즈가 유행하던 시기로부터 20년 가까이 지난

*당신의 문해력, 안녕하십니까?*

요즘, 언론을 중심으로 MZ세대 문해력을 두고 논란이 벌어지고 있습니다. 심심(甚深), 사흘, 무운, 금일, 고지식 등은 문해력 논란이 불거질 때마다 단골로 등장하는 단어들입니다. MZ세대가 각 단어를 '심심하다', '4일', '운이 없음', '금요일', '높은 지식' 등으로 이해하고 반응했다는 에피소드들이 미디어를 통해 자주 등장합니다.

대표적으로 한 웹툰 작가가 사인회를 진행하는 과정에서 예약 시스템에 혼선이 발생해 "심심한 사과의 말씀 드립니다"라고 사과문을 올리자 누리꾼들이 "제대로 된 사과도 아니고 무슨 심심한 사과?" "심심한 사과라니 난 하나도 안 심심하다"라고 댓글로 공격한 일이 화제가 됐습니다.

2020년 문재인 전 대통령이 국무회의에서 거론한 '광복절 사흘 연휴'에 대해 일부 시민들은 "3일 연휴인데 왜 사흘인가"라는 글을 온라인에 올렸습니다. '사흘'의 '사'를 한자어 '사(四)'로 오해한 것입니다.

또 한 회사에서 직장 상사가 부하 직원에게 부의(賻儀) 봉투를 하나 준비해 달라고 부탁했더니 봉투에 'V' 자를 그려 내밀었다는 웃지 못할 에피소드도 있습니다.

언론은 MZ세대가 대부분 고등 교육까지 받았음에도 문해력만큼은 이전 세대보다 더 형편없다고 지속적으로 보도하고 있습니다.

MZ세대는 정말로 이 시대의 사오정이 된 것일까요? 실제로 MZ세대의 문해력은 이전 세대보다 형편없을까요?

## MZ보다 언론이 심각

2021년 엠브레인에서 전국 만 16~64세 남녀 1,000명을 대상으로 문해력 관련 인식 조사를 실시한 결과, "내 주변에 읽기 능력이 부족한 사람이 많다"에 '그렇다'는 응답이 34.8퍼센트였습니다. 우리나라 사람들이 주변의 문해력 수준을 낮게 보고 있음을 보여 주는 통계입니다.

이런 결과는 우리나라의 빈곤한 독서 생활과 밀접한 연관이 있습니다. 문화체육관광부가 2021년 국민 독서 실태를 조사한 결과, 최근 1년간 우리나라 사람의 종합 독서율은 47.5퍼센트였습니다. 이 수치는 1년 동안 책을 읽은 사람이 다섯 명 중 세 명도 되지 않는다는 의미입니다. 연간 종합 독서량은 4.5권에 불과해 OECD 국가 평균인 16권에 크게 못 미쳤습니다. 국제연합(UN) 발표에 따르면 우리나라 사람의 독서량은 192개국 중 166위였습니다.

그런데 문해력 수준을 연령대별로 다시 세분화하면 언론의 진단과는 다른 결과를 확인할 수 있습니다. 교육부와 국가평생교육진흥원이 2020년 18세 이상 1만 429명을 대상으로 세대

당신의 문해력, 안녕하십니까?

별 문해력 수준을 4단계로 나누어 조사한 결과에 따르면 20대의 95.3퍼센트가 가장 높은 수준인 4단계 이상의 그룹에 해당했습니다. 세대별로 수준 4단계 이상 비율은 중년인 40, 50대가 각각 91.5퍼센트, 82.4퍼센트였고 노년층인 60, 70, 80대는 각각 64.4퍼센트, 41.1퍼센트, 22.9퍼센트로 현저히 낮았습니다. MZ세대보다 기성세대 문해력이 더 심각한 수준이란 사실을 보여 주고 있습니다.

문해력 논란이 되는 단어의 대부분은 한자에서 파생됐습니다. 자주 사용하는 일상어와도 거리가 있습니다. 한자를 제대로 배우지 못한 MZ세대가 한자어로 구성된 어휘의 의미를 파악하지 못하는 것은 어쩌면 당연한 결과입니다. 언어에도 생로병사가 있습니다. 낡은 언어가 새로운 언어로 교체되고 언어의 뜻이 바뀌기도 합니다. MZ세대가 이전 세대 언어를 잘 모르는 것은 지극히 자연스러운 현상일 수 있습니다.

부산대학교 언론매체 「채널PNU」에서 보도한 기사를 보면 이렇게 진단하고 있습니다.

'문해력' 자체가 기성세대에 익숙한 문제란 지적도 있다. 우리 대학 김경연(국어국문학) 교수는 "과거의 잣대에 부합하지 않는다고 해서 문해력이 떨어진다고 단정할 수 없다"며 "내가 쓰지 않는 어떤 표현을 상대방이나 다른 세대가 사용했을 때, 어디가, 어떻게, 왜 다른지 알려고 하는 의지나 자세가 부족하다"고 말했다. 이어 "익숙하지 않다는 이유만으로 배우지 않고, 무조건 내가 옳다고 여기는 사회 전반적인 분위기가 문제"라며 "다양한 집단과 세대 간 논의의 자리가 많아지고, 소통의 단절을 극복해 서로를 이해하려는 의지가 필요하다"고 강조했다.

_강지원, "[팩트체크]MZ세대 문해력, 정말 낮을까?",「CHANNEL PNU」

문해력 논란은 MZ세대가 아니라 오히려 그것을 지적하는 언론을 향하는 것이 더 타당합니다. '사흘' 논란이 벌어지기 이전부터 언론에서는 '숙청 후 4흘 만에 속전속결 사형집행', '개봉 4흘 만에 누적 관객 수 143만 돌파', '애리조나 백맨 감독, 4흘 만에 해임' 등과 같이 '4흘'이란 정체불명의 단어를 기사 제목으로 버젓이 사용해 왔습니다. '무운을 빈다'의 '무운'을 '운이 없기를 빈다'라고 해석한 기자도 있습니다. 도대체 언론사의 게이트 키핑 기능이 정상적으로 작동하고 있는지조차 의심스럽게 만드는 사례들입니다.

## 독해력과 문해력

사실 MZ세대에게는 신문, 책보다 스마트폰, 태블릿PC, 컴퓨터가 더 익숙한 읽기 수단입니다. 스마트폰, 태블릿PC, 컴퓨터에

당신의 문해력, 안녕하십니까?   ●

서 접속하는 SNS, 메신저 환경에서는 굳이 체계나 격식을 갖추려고 신경 쓰지 않고 대부분 가볍고 짧은 텍스트를 씁니다.

MZ세대는 짧은 주의력에 익숙해 긴 글을 소화하는 능력이 이전 세대보다 확실히 떨어집니다. 그나마 남아 있는 문자 텍스트마저 웹툰과 유튜브에 걷잡을 수 없이 밀리고 있습니다. 예전에는 대부분 어떤 정보나 방법을 알아보기 위해 포털 사이트에 검색해 블로그나 전문 자료를 참고했습니다. 지금은 곧바로 유튜브부터 뒤진다고 합니다. 모든 방면에서 문자 텍스트보다 영상을 더욱 편하게 받아들이는 첫 세대가 바로 MZ세대일 겁니다.

게다가 지금은 너무 많은 정보가 실시간으로 쏟아지다 보니 하나의 정보에 오래 머물고 그것을 천착할 여유가 없습니다. 메뚜기처럼 이리저리 옮겨 다니며 잎을 조금씩 갉아먹는 식의 열독 습관에 익숙한 사람들이 넘쳐 납니다. 글이 조금만 길어도 제목만 일별하거나 앞부분만 읽고 건너뛰기 일쑤입니다. 팩트를 확인할 생각조차 없기 때문에 가짜 정보나 가짜 뉴스에 취약합니다.

하지만 MZ세대들도 직장에 들어가면 기성세대와 소통해야 하고 보고서나 제안서 등 아날로그형 텍스트를 읽거나 작성해야 합니다. 직장에서 취급하는 텍스트들은 서본결이나 기승전결의 정연한 체계를 갖추고 있고 일정한 시간 동안 주의를 집중해야 읽거나 쓸 수 있습니다. 가볍고 짧은 텍스트에 익숙한 MZ세대가 소화하려면 오랜 시간 별도의 노력을 들여야만 합니다.

MZ세대의 일반적 문해력과 달리 MZ세대 직장인의 문해력에 대한 평가는 그렇게 높지 않습니다. 취업포털「사람인」이 191개 기업을 대상으로 'MZ세대 직원의 국어 능력'을 조사한 결과, 56.5퍼센트가 이전 세대보다 '부족하다'고 응답했습니다. 이들 기업에서 평가한 MZ세대 직원들의 국어 능력 점수는 평균 64.7점이었습니다.

가장 부족한 국어 능력이 무엇인지에 대해 복수 응답으로 조사한 결과, '어휘력(55.6퍼센트)'이 1위를 차지했고 '맞춤법(41.7퍼센트)', '경청 태도(40.7퍼센트)', '작문 능력(36.1퍼센트)', '말하기·듣기 능력(31.5퍼센트)', '논리력(27.8퍼센트)', '독해력(18.5퍼센트)'의 순으로 나타났습니다. 업무와 관련된 국어 능력 중 MZ세대가 가장 부족한 부분을 복수 응답으로 조사한 결과, '보고서·기획안 등 문서 작성 능력(52.8퍼센트)'이 1위로 나타났고 '구두 보고 및 이해 능력(46.3퍼센트)', '이메일 등 텍스트 소통 능력(35.2퍼센트)', '전화 커뮤니케이션 능력(31.5퍼센트)', '회의·토론 능력(29.6퍼센트)' 등의 순으로 응답했습니다.

MZ세대 일반인과 직장인의 문해력에 대한 각각의 평가가 이렇게 엇갈리는 이유는 독해력과 문해력의 개념을 혼동한 데서 비롯된 것으로 여겨집니다. 독해력은 텍스트를 읽고 그 안에 담긴 내용을 이해하고 해석하는 능력입니다. 예를 들면 오디오를 사고 제품 설명서를 읽으며 오디오 사용 방법을 파악하는 능력을 독해력이라 할 수 있습니다. DIY 제품을 구입해 조립 설명서의 정보를 해석하고 그에 따라 제품을 조립하는 능력도 포함됩니다. 독해력은 주로 읽는 사람과 텍스트 사이의 관계 속에서 한정됩니다.

반면 문해력은 텍스트를 매개로 다른 사람과 소통하는 능력입니다. 다른 사람이 작성한 말과 글을 이해할 뿐만 아니라 말과 글을 사용해 의사를 표현하는 능력까지 포함됩니다. 외부 업체로부터 제안서를 받았을 때 제안 배경과 타당성을 평가해 이를 수용할 것인가 말 것인가 판단하고 그 결과를 결재권자에게 설명하는 능력입니다. 인간관계 속에서 텍스트의 맥락을 파악하고 이를 바탕으로 커뮤니케이션 과정을 주도하는 능력입니다. 문해력은 독해력을 포함한 더 큰 개념이라 할 수 있습니다.

어쩌면 직장에서 MZ세대에게 독해력 수준이 아니라 문해력 수준까지 요구하기 때문에 더욱더 인색한 평가가 내려지는 것이라 분석할 수 있습니다. 즉, MZ세대가 텍스트를 해석하는 능력은 어느 세대보다 뛰어나지만 관계 속에서 상대방의 입장을 헤아리는 능력, 조직과 공동체의 지향과 가치 속에서 어떤 이슈를 종합적으로 분석하는 능력은 부족해 보입니다.

## 업무 문서 매뉴얼

MZ세대 직장인들이 직장생활에 필요한 문해력을 향상시키기 위해 체계적 교육을 받는 경우는 아주 드뭅니다. 주로 선배나 사수를 통해 어깨너머로 알음알음 배워 나가는 것이 현실입니다. 문해력이 뛰어난 선배나 사수를 만나느냐, 그렇지 못하느냐에 따라 MZ세대 직장인의 희비가 엇갈립니다.

요즘 시니어 직장인들은 MZ세대들에게 보고서나 기획서의 잘못된 부분을 지적하기도 어렵다는 푸념을 털어 놓습니다. 주로 문서 관행, 오탈자와 전문 용어에 대한 부분을 지적한다고 합니다. 물론 기초적인 지적도 필요하겠지만 거기서 그친다면 후배 직원이 선배에게 존경심을 갖기는 어려울 것입니다.

후배 직원이 제일 알고 싶은 것은 논리적 구성과 설득력 있는 표현입니다. 선배의 코칭으로 안목이 높아지고 생각의 경계가 확장됐을 때 후배 직원은 일하는 기쁨을 느낍니다. 자신이 속한 회사에서 성장하고 있다는 자부심도 높아집니다. 선배가 문제의 본질에는 입을 닫고 문제의 주변 요소들만 자꾸

건드린다면 제아무리 선의라 해도 후배는 지적질로 받아들일 수밖에 없습니다.

여기서 우리는 회사가 직장인의 문해력을 개인의 능력으로 치부하고 말 것인가에 대해 고민해야 합니다. 우리나라 회사들은 사내 소통과 의사결정의 효율성을 위해 많은 예산을 들여 ERP나 그룹웨어를 개발해 사용하고 있습니다. 그룹웨어에서 취급되는 주요 콘텐츠인 보고서, 기획서, 이메일 등 업무 문서의 품질에 대한 불만은 늘 끊이지 않습니다. 그러나 업무 문서의 품질을 개선하려는 구체적 노력에는 돈과 시간을 쓰지 않습니다. 잘 닦인 고속도로에 낡고 고장 난 차량만 다니고 있는데 이를 방치하고 있는 셈입니다.

회사에서는 자신들만의 업무 특성에 맞는 업무 문서 매뉴얼을 만들어야 합니다. 문서의 종류를 명확하게 구분하고 작성 기준을 통일시켜야 합니다. 지금처럼 상관의 스타일에 따라 손바닥 뒤집듯 문서 작성 기준이 바뀐다면 회사의 문서 수준은 향상될 가능성이 없습니다. 특히 이런 조직 문화 속에서 가장 큰 피해를 보는 것은 후배 직원, 즉 MZ세대 직장인들입니다.

2005년 참여정부 청와대는 「보고서 작성 매뉴얼」을 만들었습니다. 청와대 비서실은 다양한 정부 부처에서 파견된 공무원과 민간에서 발탁된 전문가로 구성되다 보니 보고서 양식이 백인백색이었습니다. 같은 비서관실 안에서도 출신이 다르면 보고서 양식과 논리 전개 방식이 달라 소통이 어려웠습니다. 특히 중요한 보고서를 다 읽고 파악하는 것은 물론, 의사결정까지 해야 하는 대통령의 고충은 이루 말할 수 없었습니다. 노무현 대통령의 제안으로 비서실 내 '보고서 품질향상 연구팀'이 만들어졌고 6개월 만에 우리나라 최초의 업무 문서 매뉴얼이 탄생하게 됐습니다.

이 연구는 대통령 비서실의 업무 효율 향상을 위해서는 보고서 작성 방법에 대한 표준화가 반드시 필요하다는 대통령님의 관심과 열정 그리고 주도하에 시작되었다. 사실 대통령 비서실은 특성상 구성원이 정부 각 부처, 정치권, 언론 등 다양한 출신으로 구성되어 있어 보고서가 제각각으로 작성되는 등 업무의 표준화가 이루어지지 않았기 때문이다. 보고서의 제각각인 작성은 업무처리의 효율을 떨어뜨리고 체계적인 정보·지식관리를 어렵게 하므로 그냥 방치해둘 문제가 결코 아니었다.

이에 따라 대통령 비서실 혁신담당관 회의에서 '보고서 품질향상 연구'를 주요 혁신과제로 선정하고, 평소 이 문제에 대해 관심이 많았던 직원들을 중심으로 학습동아리를 구성하여 본격적인 작업에 나섰다. 대통령님 말씀자료를 정리하고, 보고서 작성방법에 관한 각종 자료를 분석하였다. 또한, 대통령님께 보고되는 각종 보고서를 분류하고, 보고서 유형별로 작성방법을 표준화하였다.

본 연구팀의 작업은 그동안 전혀 없던 것을 새로이 만든 것도 아니고 획기적인 보고서 작성방법을 제시한 것도 아니다. 다만, 보고서가 중시되는 공직사회의 특성상 보고서의 품질을 10퍼센트만 향상시킬 수 있다 해도 큰 의의가 있다고 생각한다.

**_대통령 비서실, 「보고서 작성 매뉴얼」 서문**

「보고서 작성 매뉴얼」이 완성된 후 처음엔 청와대 내부 보고에 적용됐고 이후 빠른 속도로 정부 중앙부처로 확산됐습니다. 정권이 바뀔 때마다 이전 정부의 시스템이 대부분 바뀌었지만 「보고서 작성 매뉴얼」만큼은 끈질긴 생명력을 이어 나가 현재에 이르고 있습니다. 20년 가까이 매뉴얼이 적용되면서 청와대, 정부 중앙부처의 보고서 문화는 급격히 발전했습니다.

그러나 지방정부, 공공기관, 민간업체의 보고서 수준은 아직도 답보 상태를 면하지 못하고 있습니다. 우리 사회가 MZ세대의 문해력 탓만 할 것이 아니라 자신의 회사, 조직에 맞는 매뉴얼을 만들어 사용함으로써 '집단적 사오정 증후군'으로부터 빨리 벗어나는 길부터 찾아야 할 것입니다.

# 일반 문해력과 오피스 문해력의 차이

## 개떡과 찰떡

A: 오늘 어디서 볼까?

B: 거기 있잖아? 속옷 이름 있는데, 난닝구 말고.

A: 메리야쓰?

B: 맞다, 맞아. 호텔 이름 있잖아?

A: 아, 메리어트 호텔.

B: 그래, 메리어트 호텔 커피숍에서 보자.

A: 오늘 저녁 공연 예약했다고 했지?

B: 응, 명예의 전당.

A: 명예의 전당은 미국 메이저리그에 있는 거 아닌가?

B: 아니, 서초동에 있잖아.

A: 그건 예술의 전당이지.

B: 맞다, 맞아.


친구나 지인들과 우리는 이런 식의 대화를 많이 나눕니다. 뒤죽박죽, 횡설수설, 중구난방. 하지만 신기하게도 이야기가 잘 통합니다. 서로가 서로에 대해 호의와 애정을 갖고 있기 때문에 상대가 무슨 말을 하고 싶은지 최대한 헤아리기 때문입니다. '개떡같이 말해도 찰떡같이 알아듣는다'는 시쳇말은 바로 이럴 때를 가리킵니다.

이런 소통이 가능한 또 다른 이유는 친구나 지인들 사이에 오가는 대화가 특별한 정보나 전문적 식견을 갖고 있지 않아도 알 수 있는 내용이라 그렇습니다. 주로 상대의 안부와 자신의 현재 상황을 묻거나 가벼운 에피소드를 나누고 음식, 옷, 영화, 드라마, 음악, 스포츠 등의 관심사를 주 소재로 다룹니다. 기본적인 상식과 약간의 유추, 공감 능력을 갖고 있다면 어렵지 않게 소화할 수 있는 수준입니다.

친밀감으로 이어진 개인들의 일반적인 관계에서는 상대방이 전하고 싶은 내용의 드러나지 않은 맥락까지 살펴 주고 가급적 선의로 해석하게 마련입니다. 그래서 친구나 지인들과 대화하면 우리는 깊은 행복감을 느낍니다. 상대방이 나를 배려해 주고 있다는 느낌도 강하게 받습니다. 별다른 신경을 쓰지 않고 말을 던져도 척척 받아 주니까요. 가수가 콘서트 중에 갑자기 객석으로 몸을 날리면 관객들이 하나같이 손을 뻗어 사뿐히 몸을 받아 내 헹가래를 칠 때의 기분이 이와 비슷하지 않을까요?

또 친구나 지인들과 대화하면 우리는 뿌듯한 자존감을 느낍니다. 상대방의 비위를 맞추려고 나를 무리하게 부풀리거나 꾸미지 않아도 됩니다. 경계심을 갖고 긴장하지 않은 채 '무장해제' 상태에서 있는 그대로의 나를 보여 줘도 걱정할 필요가 없으니까요. 아마도 모든 소통이 이와 같다면 세상은 천국이 될 겁니다.

세상의 모든 갈등과 대립, 다툼과 분열은 소통이 어긋나면서 시작하는 경우가 대부분입니다. 상대방을 친구나 지인으로 여기고 대화한다면 공감의 깊이와 넓이는 더욱 커질 것입니다.

## 지식의 저주

우리 삶의 시간 대부분을 보내는 직장 내 소통, 업무적 관계의 소통은 어떨까요?

**팀장:** 프로젝트 잘되고 있지? 예산 수준 잘 맞춰야 해.

**대리:** SNS 카드뉴스 홍보 프로젝트 말씀이죠?

**팀장:** 그거 말고. 예산 신경 써야 하는 거 있잖아.

**대리:** 아, 유튜브 채널 운영 프로젝트군요.

**팀장:** 한 번에 척 못 알아듣나?

**대리:** 잠시 착각했습니다. 잘 준비하고 있습니다.

**팀장:** 예산 견적 갖고 와 봐.

**대리:** 예산 절감이 되도록 아이디어 잘 짰습니다.

**팀장:** 어, 예산이 왜 이래? 우리 예산 전체적으로 줄여야 한다고 몇 번을 강조했는데.

**대리:** 그래서 천만 원이나 줄였는데요.

**팀장:** 그 수준으로는 어림없어. 최소 3천만 원은 줄여야 한다고.

**대리:** …… '진작 가이드라인을 주시지.'


    업무적 소통은 대부분 수평이 아니라 수직의 관계에서 이뤄집니다. 어떤 내용을 보고하는 사람은 부하 직원이고 보고받는 사람은 상관입니다. 상관에게 보고 내용을 이해시키고 나아가 설득까지 이끌어 내야 하는 것은 오롯이 부하 직원의 몫입니다.

    직장인들은 위계질서 속에서 평정심보다 압박감을 느낍니다. 압박감은 원활한 소통을 방해하는 장애물입니다. 머릿속이 하얘지고 표정이 굳어지며 입 안이 마르고 손에 땀이 찹니다. 아무리 열심히 준비했어도 상관 앞에서는 그 내용을 제대로 전달하기 어렵게 마련입니다.

업무적 관계에서 개인적 관계처럼 호의와 애정을 갖고 부하 직원의 말과 글에 주목하는 상관을 만날 가능성은 절반 이하입니다. "뭔 얘긴지 모르겠네. 좀 알아듣게 설명해 봐." "용건이 뭔데! 용건만 이야기해 봐." "내가 그거까지 알아야 하나?" "그건 당신 생각이고. 이거 갖고 설득이 되겠어?" 직장인들은 이런 말을 수시로 듣고 삽니다.

상관이 특별히 성격이 좋지 않은 사람이라 이런 반응을 보이는 것이 아닙니다. 상관은 대체로 여러 이슈를 다루고 판단하기 때문에 부하 직원의 보고 하나하나에 전력을 다할 수 없습니다. 에너지를 효과적으로 분산해야 자신이 맡은 여러 일을 차질 없이 수행할 수 있습니다. 자신이 에너지를 덜 쓰고도 보고 내용을 이해하고 판단할 수 있도록 부하 직원이 배려해주길 바랄 수밖에 없습니다.

인간은 기본적으로 '인지적 구두쇠'입니다. 1948년 심리학자 수전 피스케(Susan Fiske)와 셸리 테일러(Shelley Taylor)는 인지적 구두쇠라는 용어를 처음으로 사용했습니다. 위키피디아를 보면 "심리학에서 사람은 지능과 상관없이 생각하거나 문제를 해결할 때 더 복잡하고 노력이 요구되는 방법보다 더

간단하고 노력이 덜 드는 방법으로 가는 경향을 의미한다. 마치 구두쇠가 돈 쓰기에 인색하듯이 사람은 인지적 노력을 하기를 꺼린다"라고 설명하고 있습니다.

상관은 가장 철저한 인지적 구두쇠가 될 확률이 높습니다. 여러 일을 판단하고 결정해야 하기 때문에 늘 인지적 과부하 상태입니다. 너무 장황할뿐더러 몇 번을 읽어도 무엇을 전하고자 하는 내용인지 알 수 없는 보고서를 받으면 상관의 뇌는 폭발 직전에 이릅니다. 그런 상태에서 소통은 개떡 같은 결과를 낼 수밖에 없습니다.

글쓰기나 말하기 등 소통의 경험이 많고 소통의 방법에 익숙한 사람들은 자연스럽게 독자와 청자를 중심에 놓고 콘텐츠의 내용을 준비합니다. 그러나 소통의 경험이 부족하고 방법도 익숙하지 않은 사람들은 자신이 알고 있는 수준에서 정보의 양과 표현의 수위를 결정할 가능성이 높습니다.

이것이 바로 인지심리학에서 말하는 '지식의 저주(curse of knowledge)'입니다. 이 말은 1989년 콜린 캐머러(Colin Camerer), 조지 로웬스타인(George Loewenstein), 마틴 웨버(Martin Weber) 등 3인의 경제학자들이 발표한 논문에서 처음 언급한 용어입니다. 위키피디아에서는 "어떤 개인이 다른 사람들과 의사소통을 할 때 다른 사람도 이해할 수 있는 배경을 가지고 있다고 자신도 모르게 추측하여 발생하는 인식적 편견"이라고 설명하고 있습니다.

## 관계와 핵심 파악

항상 친절하고 세세하게 보고 내용을 만드는 것도 효과적이지
는 않습니다. 상관의 조건과 컨디션에 따라 소통의 전략과 방
법을 매번 달리해야 합니다. 한마디로 움직이는 과녁을 보고
화살을 쏴야 합니다. 예를 들어 보고하는 이슈에 대해 정통하
고 업무에 대한 장악력이 높은 상관에게는 아주 압축적으로
보고해야 합니다. 그런 상관은 자신이 아는 정보를 보고서에
서 또 보는 것을 아주 싫어하기 때문입니다. 반면 해당 이슈와
관련된 업무를 맡은 지 얼마 되지 않고 지금부터 조금씩 알아
가고 있는 상관이라면 아주 자세하게 보고해야 합니다. 이런
상관에게 압축적으로 보고하면 그는 자신이 무시당하고 있다
고 생각할 수 있습니다.

일반적 문해력은 정보를 잘 이해하고 잘 활용하는 수준이
면 충분합니다. 문서, 디지털 콘텐츠, 영상을 보고 이해하고 좀
더 나아가 감상하는 수준을 갖추고자 한다면 독서를 꾸준히
해야 합니다. 또 독서를 통해 얻은 정보와 통찰을 자신의 것으
로 체화하고자 한다면 글쓰기, 생각하기가 필요합니다.

직장인의 문해력은 이러한 일반적 문해력을 기본으로 갖

추되 몇 가지 사항을 추가해야 합니다.

첫째, 관계성에 대한 이해입니다. 업무적 소통은 아주 다양하고 변수가 많은 수직 관계 속에서 이뤄지기 때문에 관계가 놓여 있는 좌표에 따라 보고 내용의 질과 양, 방향을 잘 조절해야 합니다.

관계성과 관련해서는 먼저 상관의 조건과 컨디션을 정확하게 파악해야 합니다. 상관의 지시를 제대로 알아듣는 말귀와 독해력도 가져야 합니다. 무엇보다 경청하는 자세가 업무적 소통의 첫걸음입니다.

역지사지도 필요합니다. 보고자는 자신이지만 보고 내용을 결정하고 판단하는 사람은 상관입니다. 자신의 관점으로만 이슈를 바라볼 것이 아니라 '내가 팀장이라면, 내가 대표라면 이 문제를 어떻게 바라볼 것인가?'라는 관점의 역지사지를 전제로 생각해야 합니다.

경청과 역지사지는 인간에 대해 존중하고 공감하는 마음 없이는 불가능합니다. 우선 자신의 앞에서 지금 호통을 치는 상관 역시 자신처럼 불완전한 인격과 유한한 능력을 가진 사람임을 깨닫고 인정해야 합니다. 그러기 위해서는 소설, 영화, 드라마 등 서사물을 자주 접하는 것이 좋습니다.

둘째, 핵심 파악 능력입니다. 장문의 보고서를 읽거나 장황한 지시 사항을 듣다 보면 판단하는 과정이 사라질 수 있습니다. 그 상태에서 어림짐작으로 업무를 수행하다 보면 돌이킬 수 없는 실수를 하게 됩니다.

익명의 다수를 독자로 삼는 책이나 신문은 다양하고 풍부한 참조와 설명을 곁들이는 반면, 업무적 소통은 효율성과 신속성을 추구하기에 압축적으로 내용을 주고받습니다. 참조를 걷어 내고 핵심을 추출하는 능력이 곧 보고 능력, 업무 소통 능력을 좌우합니다. 엘리베이터 브리핑은 이런 특징을 극적으로 보여 주는 보고의 기술입니다.

먼저 스스로 핵심을 파악하는 능력을 길러야 합니다. 안타깝게도 우리나라는 핵심 파악 능력을 기르는 교육을 계속 등한시하고 있습니다. 한 권의 책을 읽고 나면 반드시 그 내용을 정확하게 요약하는 과제를 내줘야 합니다. 주관적 요약 방식의 독후감상문으로는 충분하지 않습니다.

물론 직장생활을 하면서 많은 책을 읽고 요약까지 하기란 쉽지 않습니다. 그렇다고 학교 교육을 통해 배우지 못했다고 푸념만 하고 있을 순 없습니다. 적은 시간을 들여 큰 효과를 거둘 수 있는 방법으로 신문칼럼 요약을 추천합니다. 신문칼럼은 원고지 10매 내외 분량으로 손에 잡히는 사이즈이기 때문에 핵심 파악 연습을 하기가 아주 용이합니다. 칼럼 필자들이 자신의 지식, 경험, 통찰을 최근 이슈와 결부해 전달하기 때문에 지식을 습득하고 안목을 키우기에도 적절합니다.

이런 노력을 통해 스스로 핵심 파악 능력을 갖췄다고 해도 과신은 금물입니다. 모호한 점이 있을 땐 주저 없이 질문을 던져 의문이 완전히 해소될 때까지 명확한 답변을 이끌어 내야 합니다. 모두가 문제없다고 생각해 그냥 지나쳤는데 나중에 큰 사고가 발생하는 경우가 비일비재합니다. 상식적으로 이해가 되지 않았을 때 비판적 사고를 하고 질문을 던지는 사람이 있었다면 막을 수 있었던 일일 겁니다.

## 직관, 구체, 명백

셋째, 직관적 표현 능력입니다. 업무적 소통은 인지적 한계, 정보의 비대칭 속에서 이뤄집니다. 인지적 노력을 덜 들이고 이해의 수준 차이를 넘어서려면 사실을 중심으로 구체적으로 표현하는 습관을 반드시 길러야 합니다. 한마디로 독자와 청자의 머릿속에 그림이 그려지게 전달하는 전략입니다.

*주무관:* 팀장님, 저번에 점심 먹은 데 있잖아요?
**팀장:** 매일 점심 먹는데, 어느 날 말하는 거야?
*주무관:* 김치찌개 맛있게 하는 집 있잖아요.
**팀장:** 아, 광화문집!
*주무관:* 네, 거기 앞 인도가 파손돼 임시 조치를 해야겠어요.

**팀장:** 어떻게?

**주무관:** 일단 시멘트로 메워야죠.

**팀장:** 레미콘을 부르기도 그렇고 근처에서 콘크리트 성형을 해야겠네.

**주무관:** 요즘 물만 부으면 되는 몰탈 즉석 시멘트가 나왔어요.

**팀장:** 지나가는 행인들이 많을 텐데, 안내문 붙여 놓아야 하지 않을까?

**주무관:** 네, '양생 중, 주의하세요'라고 쓸게요.

**팀장:** 뭘 주의하라는 거야?

**주무관:** 밟지 말라고요.

**팀장:** 그러면 '양생 중, 밟지 마세요'라고 쓰는 게 낫지.

**주무관:** 아, 정말 그러네요.


대화 속의 주무관은 항상 모호하게 이야기해 팀장의 추가 질문을 부르고 있습니다. 이런 대화가 되풀이되면 팀장은 짜증이 나고 주무관의 능력에 대해서도 의구심을 품을 가능성이 높습니다. 프랑스의 소설가 알베르 카뮈(Albert Camus)는 "분명하게 글을 쓰는 사람에게는 독자가 모이지만, 모호하게 글을 쓰는 사람에게는 비평가만 몰려들 뿐"이라고 말했습니다.

'광화문집', '몰탈 즉석 시멘트', '밟지 마세요'를 바로 이야기했다면 두 사람의 대화는 더 짧고 효율적이었을 겁니다. 주무관의 말대로 '양생 중, 주의하세요'라고 썼다면 지나가는 행인이 이 안내문을 즉각 이해하기는 어려웠을 겁니다. '뭘 주의

하라는 거지?'에서 출발해 몇 단계의 유추를 거친 뒤에야 '아, 밟지 말라는 거구나!'라고 알아차렸을 겁니다. 어떤 행인은 거기까지 생각이 도달하지 않아 그냥 밟아 버릴 수도 있습니다.

이 대화를 그저 흔한 해프닝으로 볼 수도 있지만 업무 소통 전반에 적용해 보면 아주 심각한 문제입니다. 수십 명에서 수천 명까지 근무하는 직장 내에서 서로 '주의하세요'라고 모호하게 소통한다면 엄청난 의사결정 과정의 낭비가 생길 수밖에 없을 겁니다.

모호하게 문서와 말을 주고받으면 상관과 부하 직원 모두 고통을 받습니다. 제대로 소통이 이뤄지지 않으니 오해와 갈등을 불러일으키기도 합니다. 상관은 부하 직원을 책망하며 스트레스를 받겠지만 더 고통을 당하는 것은 부하 직원입니다. 자책과 자괴감으로 자칫 자존감까지 다칠 수 있으니까요.

LITERACY
FOR
OFFICE WORKERS

PART 03

# 문해력의 본질

# 핵심

## 핵심과 참조

사과를 반으로 쪼개 보면 가운데 씨방이 있고 그 주변을 과육이 둘러싸고 있습니다. 사과는 왜 이렇게 힘들게 과육을 만든 것일까요? 인간이 맛있는 과육을 먹게 해주기 위해서일까요? 인간은 육종학과 작물학 연구를 통해 더 맛있고 탐스러운 과육의 사과 품종을 개발하고 있습니다. 하지만 그것은 사과의 유전적 본능과는 전혀 다른 목적일 것입니다.

　사과가 열매를 맺는 목적은 씨앗을 널리 퍼뜨리는 것입니다. 목적에만 충실해 과육 없이 씨앗만 맺으면 어떤 일이 벌어질까요? 아마도 씨앗이 맺힌 자리에서 멀리 떠나기 어려울 것입니다. 사과는 씨앗이 자라는 씨방 주위를 과육이 덮고 있어 사람과 동물의 먹이가 됩니다. 사람과 동물은 맛있게 사과의 과육을 먹고 난 후 사과 씨앗을 널리 퍼뜨리는 역할을 합니다.

생명은 씨앗으로 전파되지만 전파력을 높인 것은 과육인 셈이죠. 같은 원리가 자연의 모든 생명과 현상에서 나타납니다. 꽃과 열매의 색, 향기, 꿀, 씨앗의 솜털, 날개, 가시, 동물의 화려한 혼인색, 동작, 소리 등이 모두 생명의 전파력을 높이기 위한 수단들입니다.

글의 세계도 사과와 유사한 원리가 적용됩니다. 사과가 씨앗과 과육으로 나뉘듯 글은 핵심과 참조로 나눕니다. 글쓴이는 독자에게 궁극적으로 핵심을 전달하고자 합니다. 그런데 핵심만 전달하면 좀 더 많은 독자에게 퍼뜨릴 수 있는 전파력과 독자들이 쉽게 내용을 소화할 수 있는 이해력이 떨어집니다. 이때 참조가 핵심을 보완하는 역할을 합니다. 참조는 주로 사례, 사실, 정보, 인용 등으로 표현됩니다.

핵심과 참조는 글의 의도와 목적을 달성하기 위한 상호보완적 역할을 합니다. 핵심은 주제와 용건, 주장, 결론, 중심 아이디어를 강조해 독자의 주의를 집중시킵니다. 참조는 추가적인 사실과 정보를 제공해 핵심을 뒷받침합니다. 핵심과 참조는 글을 효과적으로 구성하고 전달하기 위해 각자 맡아야 할 역할을 수행합니다. 또한 독자를 어떻게 설정하느냐에 따라서 핵심과 참조의 역할이나 관계는 달라집니다.

서점에 가면 많은 책이 독자를 기다리고 있습니다. 성인을 대상으로 하는 책은 얇으면 200페이지, 두꺼우면 1,000페이지에 가깝습니다. 책은 왜 이렇게 두꺼운 것일까요? 독자에게 전하고자 하는 핵심이 많아서 그런 것일까요? 아무리 두꺼운 '벽돌책'이라 해도 핵심은 A4 용지 한두 장이면 다 정리할 수 있습니다. 핵심은 결코 많은 분량을 차지하지 않습니다.

책이 두꺼운 것은 독자가 핵심을 더 자세하게 이해하도록 하기 위해 참조를 풍부하게 넣었기 때문입니다. 책과 같은 수준은 아니지만 신문도 참조를 최대한 많이 넣습니다. 책과 신문의 공통점은 특정한 독자가 아닌 익명의 다수를 대상으로 하고 있다는 점입니다. 익명의 다수를 대상으로 할수록 최대한 참조를 많이 넣어 전파력과 이해력을 높여야 합니다.

## 핵심 요약

그렇다면 직장 내 글쓰기는 어떨까요? 직장 내 글쓰기는 신속성과 효율성이 관건입니다. 빠른 의사 결정을 해야 기회를 놓치지 않고 비용과 시간, 노력을 낭비하지 않습니다. 직장 내 글쓰기는 의사결정 과정을 원활하게 만드는 분명한 목표를 추구하기 때문에 비효율 요소를 과감히 제거해야 합니다.

글쓰기에 이런 취지를 적용하면 결국 핵심만으로 소통해야 한다는 결론이 나옵니다. 한 장짜리 보고서, 엘리베이터 브리핑은 결국 핵심만 전달하겠다는 의지를 구체적으로 표현한 방식들입니다. 그렇다면 참조를 거의 배제하고 있는 업무 글쓰기는 전파력과 이해력을 포기하는 것일까, 라는 의문이 들수 있습니다.

업무 글쓰기는 다른 글쓰기와 달리 직장 내 동료나 상관이 독자입니다. 글을 읽는 대상이 주로 업무에 관한 다양한 정보를 공유하고 있고 업무에 대한 이해도도 높습니다. 오랫동안 팀워크를 맞춰 왔기에 기본적인 컨센서스가 형성돼 있습니다. 바로 이런 조건 때문에 핵심만으로도 소통이 가능한 것입니다. 업무 글쓰기를 잘한다는 의미는 결국 참조를 배제하고 핵심만으로 신속하게 효율적으로 소통하는 능력을 가리킵니다.

업무 글쓰기의 주요 독자는 상관, 대표 등 결재권자입니다. 결재권자는 다양한 이슈에 대한 고민과 아이디어 모색으로 머릿속이 복잡합니다. 핵심은 용건, 주장, 결론, 중심 아이디어를 강조하기 때문에 결재권자가 인지적 노력을 덜 들이고 결정하거나 판단할 수 있도록 도와줍니다. 결재권자는 제한된 시간과 관심을 가질 수밖에 없습니다. 따라서 업무에 관해 글을 쓸 때는 항상 주목해야 할 하이라이트를 효과적으로 강조하는 방식이 중요합니다. 이렇게 핵심을 잘 전달하면 결재권자의 흥미를 유발하고 글의 목적을 달성하는 데 결정적 도움이 됩니다.

직장인들은 콘텐츠, 아이디어, 텍스트를 재료로 글을 씁니다. 콘텐츠는 회사 내에서 일하면서 발생하는 모든 내용을 포합합니다. 업무와 관련된 상황이나 관계의 이슈, 상관의 지시사항, 회의 내용, 인터뷰 등이 대표적입니다. 아이디어는 이슈와 관련된 지식, 경험, 판단, 통찰력, 기획력 등입니다. 텍스트는 관련 사내외 보고서, 통계자료, 전문자료, 언론기사, 관련 서적이나 논문 등입니다.

콘텐츠들에는 핵심과 참조가 복잡하게 뒤섞여 있어 그냥 읽는 것만으로는 구분하기가 어렵습니다. 핵심과 참조를 분리하고 핵심을 논리나 스토리의 맥락에 맞게 일목요연하게 정리하는 능력을 길러야 합니다. 핵심을 제대로 전달하려면 핵심을 제대로 파악하는 방법부터 알아야 합니다. 콘텐츠, 아이디어, 텍스트에서 핵심을 추출하는 몇 가지 방법을 살펴보겠습니다.

우선 글의 제목이나 부제목, 소제목을 면밀하게 살펴보면 좋습니다. 글의 제목엔 주제나 핵심이 간략하게 요약돼 있습니다. 사람들은 신문의 헤드라인, 즉 제목에 이끌려 기사를 읽지만 다 읽고 난 뒤에는 제목을 잊어버립니다. 이런 열독 습관에 한 가지 과정만 더 추가하면 좋습니다. 글을 다 읽고 마지막

문해력의 본질

에 제목을 한 번 더 보는 것입니다. 그러면 이런 글에 이런 제목을 붙였구나 하는 생각이 들면서 글의 핵심과 메시지가 무엇인지 어렵지 않게 파악할 수 있습니다.

글의 시작과 마무리 역시 대체로 주제문이나 핵심 문장인 경우가 많습니다. 주요 단락의 첫 번째나 마지막 문장도 주의 깊게 살펴봐야 합니다. 말이나 글에서 반복되거나 강조되는 문장이나 키워드를 찾아보는 것도 핵심을 파악하는 좋은 방법입니다. 글을 정독한 뒤 세세한 내용에 너무 얽매지 말고 주제문과 핵심 문장만 훑어보면 단락별로 맥락이 어떻게 흘러가고 있는지 큰 그림을 찾아낼 수 있습니다.

무엇보다 글을 직접 요약해 보면 핵심을 파악하는 능력을 키우는 데 큰 도움이 됩니다. 신문 칼럼이나 에세이처럼 분량이 많지 않은 글을 선택해 시도해 보길 바랍니다. 신문 칼럼은 대략 원고지 10매 정도 분량이어서 전체 구성과 내용이 한눈에 들어오는 장점이 있습니다. 글을 쓴 사람의 지식, 경험, 통찰이 밀도 있게 채워져 있어 교양적으로 유익합니다. 특히 시사적 주제를 많이 다루고 있어 업무 글쓰기에 필요한 배경지식을 쌓을 수 있습니다.

다음 예시문으로 어떻게 핵심을 요약하는지 설명드리겠습니다.

며칠 전 인도 북부의 타지마할과 아그라 성을 여행하고 왔다. 타지마할은 세계 7대 불가사의에 들어갈 만큼 신비하고 아름다운 건물이다. 무굴제국의 다섯 번째 왕 샤자 한이 자신이 너무나도 사랑한 왕비 뭄타즈 마할이 사망하자 그녀를 애도하기 위해 무덤으로 조성한 이슬람식 건축이다.

타지마할에서 육안으로 바라다보이는 곳에 아그라 성이 있다. 샤자한의 선대 왕 악바르는 아그라 성 안 왕궁을 축조하면서 자신의 종교 이슬람 '생명의 나무' 문양뿐만 아니라 불교의 '만(卍)' 자, 힌두교의 '연꽃', 기독교, 자이나교의 상징 문양까지 골고루 배치했다. 악바르는 모든 종교를 인정하고 관용을 베풀었다. 악바르의 사회통합적 리더십이 무굴제국의 전성기를 만드는 주춧돌이었다.

샤자 한은 영토를 확장하고 국력을 과시했지만 무굴제국 멸망의 단초를 만들고 말았다. 샤자 한은 이슬람 위주의 통치를 강화했으며 이교도들에게 과다한 세금을 부과하는 방식으로 압박을 가했다. 이슬람 신자와 이교도들 간 갈등이 격화됐다.

결국 샤자 한은 국론을 분열시키고 타지마할 건설에 막대한 국부를 쏟아부어 나라를 피폐하게 만든 과오 때문에 그의 아들 아우랑제브에 의해 유폐됐다. 샤자 한은 타지마할이 바라다보이는 감옥에 갇혀 쓸쓸하게 최후를 맞이했다. 오늘날까지 타지마할은 순백의 아름다움을 뽐내고 있지만 당대 백성들에겐 극렬한 고통의 상징이었다.

악바르와 샤자 한으로부터 배워야 할 역사적 경험은 어느 나라, 어느 사회든지 상대주의적 대화와 타협이 아닌 절대주의적 아집과 독선에 빠져 있을 때 분열과 몰락을 피할 수 없다는 사실이다.

_백승권, "(시론)타지마할과 아그라", 「뉴스토마토」

위 예시문에서 주제문, 핵심 문장은 어디에 있을까요? 마지막 문장 "악바르와 샤자 한으로부터 배워야 할 역사적 경험은 어느 나라, 어느 사회든지 상대주의적 대화와 타협이 아닌 절대주의적 아집과 독선에 빠져 있을 때 분열과 몰락을 피할 수 없다는 사실이다"입니다.

이 주제문, 핵심 문장의 주장 혹은 결론을 뒷받침해 주는 근거는 두 가지입니다. '타지마할과 아그라'라는 제목에서 힌트를 얻을 수 있습니다. "아그라를 만들었던 악바르의 사회통합적 리더십이 무굴제국의 전성기를 만드는 주춧돌이었다." "이슬람 위주의 통치를 강화한 샤자 한은 국론을 분열시키고 타지마할 건설에 막대한 국부를 쏟아부어 나라를 피폐하게 만들었다."

이런 방식으로 꾸준히 요약하는 연습을 하면 핵심을 파악하는 능력을 기를 수 있습니다. 처음 몇 번은 힘들고 시간이 걸릴 것입니다. 하지만 세 번 정도 요약하고 나면 시간은 10분 이내로 줄어들고 은근한 재미가 느껴지는 '지적 스포츠'로 받아들이게 됩니다.

이전까지는 단순히 피상적으로 내용만 훑어보았다면 이제는 글이 어떻게 핵심을 품고 있으며 그 핵심들이 어떻게 연결되고 구성되는지 파악할 수 있습니다. 글을 쓴 사람이 구성과 표현을 통해 독자에게 전하고자 했던 의도와 전략까지 볼 수 있게 되면 최고의 문해력 단계에 이르렀다고 자부해도 좋을 것입니다.

# 논리

## 용건과 근거/이유

세상의 모든 글을 원심분리기에 집어넣고 그 성분을 환원하면 무엇이 나올까요? 논리와 스토리입니다. 세상의 모든 글은 논리 아니면 스토리로 이뤄져 있습니다. 논리만으로, 스토리만으로 쓴 글도 있고 논리와 스토리를 뒤섞은 글도 있습니다. 문해력을 높이려면 글을 읽을 때 논리와 스토리가 각각 어느 부분인지 글의 문맥과 메시지를 만드는 데 어떻게 작용하는지 잘 알아야 합니다.

논리는 사람의 이성과 추론에 호소합니다. 그러기 위해선 주장과 의견을 논리의 법칙에 따라 구성하고 체계성, 정합성,

일관성을 갖춰야 합니다. 스토리는 사람의 감성과 정서에 호소합니다. 그러기 위해선 인물, 사건, 배경을 스토리의 법칙에 따라 구성하고 몰입력, 감동성, 개연성이 있어야 합니다.

> 우리나라는 10년 내로 통일이 될 것이다. 통일이 되면 남북을 관통해 유라시아 대륙을 횡단하는 유라시아 횡단 열차가 개통된다. 나는 친구들과 함께 부산에서 이 열차를 타고 북한과 시베리아를 거쳐 유럽 대륙을 여행할 계획이다. 러시아를 지나 체코, 헝가리도 가고 유레일 패스로 갈아타 독일, 프랑스, 이탈리아를 두루두루 돌아보겠다. 귀국할 때 다시 열차를 탈지, 아니면 비행기를 이용할지는 아직 모르겠다.

이 글은 논리일까요, 스토리일까요? 스토리라고 한다면 아주 가슴 벅차고 설레는 내용입니다. 그러나 논리라고 한다면 아주 허무맹랑한 주관적 희망에 불과합니다. 이 글은 논리로서 결정적 하자를 갖고 있기 때문입니다. 도대체 어떤 하자일까요?

논리에는 반드시 주장하는 사람의 결정이나 판단의 내용이 포함돼 있습니다. 자신의 결정, 판단을 통해 독자나 청자의 판단과 행동에 영향을 미치기 위해서입니다. 그것을 간단히 표현하면 용건입니다. 위의 글에서 용건은 "우리나라가 10년 내로 통일이 될 것이기 때문에 열차로 유라시아 여행을 하겠다"는 결정 사항입니다.

그러나 용건 자체로 독자와 청자를 설득할 수 없습니다. 논증을 통해 용건을 논리적으로 뒷받침해야 합니다. 그러한 논증의 재료를 근거와 이유라고 합니다. 근거는 구체적이고 개별적인 경험, 사실, 사례, 통계, 인용, 비유 등이고, 이유는 추상적이고 보편적인 논리, 추론, 분석, 견해 등입니다.

이렇게 근거나 이유를 제시해야 독자나 청자는 용건에 공감하고 동의하는 설득의 반응을 보입니다. 따라서 위의 글은 바로 근거와 이유가 빠졌기 때문에 논리로서 성립하기 어렵습니다.

> 금리 인상으로 부동산 시장에 악영향을 미칠 것으로 보이지만, A지역 아파트는 앞으로도 가격 상승세가 이어질 것으로 보인다. 올 하반기 아파트 매매와 전세 가격이 각각 3% 정도, 특히 고급 아파트는 최대 5%까지 상승할 것으로 업계는 보고 있다. 한 부동산 업계 관계자는 "A지역은 다른 지역보다 좋은 주거 조건을 갖고 있기 때문에 상승세는 계속될 것"이라고 진단했다.

이 글은 논리일까요, 스토리일까요? 이 글은 절대 스토리가 될 수 없습니다. 글 속에 스토리의 요소가 거의 없기 때문입니다. 그렇다면 논리일 수밖에 없는데 논리로서도 여러 허점을 갖고 있습니다. 이 글의 용건은 "A지역 아파트의 가격 상승세가 이어질 것으로 보인다"라는 것입니다. 그러나 업계 관계자의 희망 섞인 주관적 예측만을 근거로 제시하고 있습니다. 주관적 예측이 아닌 객관적 근거는 보이지 않습니다.

## 객관, 정확, 일관

논리는 사실에 기반한 정확한 정보나 데이터를 제시해야 합니다. 주관적 예측, 일반화, 편견은 결코 근거와 이유가 될 수 없습니다. 추론 역시 추론 자체로 설득력을 갖는 것이 아니라 바탕이 되는 사실, 통계, 인용 등 누가 봐도 납득할 수 있는 객관적 근거와 판단으로 신뢰성을 확보해야 합니다.

> 처녀, 총각이 멧비둘기 고기를 먹으면 안 된다. 나중에 결혼해서 남매밖에 낳지 못한다. 왜냐하면 멧비둘기는 알을 두 개밖에 낳지 못하기 때문이다. (민간 구전)

> 축구 경기를 할 때 선수의 혈액형으로 수비 능력을 판단할 수 있다. 수비를 잘하는 선수는 B형이다. O형은 성격이 좋으나 덜렁거리고 종종 집중력을 잃는다. (어느 축구 감독의 인터뷰)

잠잘 때 밤새 선풍기를 켜 놓으면 죽을 수도 있다. 밤새 선풍기가 돌아가면서 방 안의 공기를 진공 상태로 만들어 질식할 위험이 높아지기 때문이다. **(민간 구전)**

위의 예문은 모두 용건, 근거/이유라는 논리적 형식 요건을 갖추고 있지만 과학적 관점에서 볼 때 타당성을 인정받기는 어렵습니다. 친구나 지인들과 사적인 대화를 나눌 때는 과학적 관점이 결여돼도 큰 문제는 없습니다. 그러나 공적인 소통을 할 때는 과학적 관점을 벗어나지 않도록 노력해야 합니다.

채식의 확산은 바람직한 현상이다. 채식은 인간의 육체와 정신을 건강하게 만든다. 가축 사육으로 인한 환경 오염과 가축 도살에 따른 생명 파괴를 막을 수 있다. 살기 좋은 지구를 만들기 위해서도 이것이 확산돼야 한다. 지금 미국과 유럽을 중심으로 채식 인구가 빠르게 늘어나고 있다. 이들에게 식품을 대기 위해 아마존 열대 우림 지역에서 농지 개발이 한창 진행되고 있다.

이 글은 용건, 근거/이유가 명료하게 표현된 글입니다. "채식의 확산은 바람직한 현상"이라는 용건을 육체적 정신적 건강 유지, 환경 오염과 생명 파괴 방지, 지구 환경 지키기 등의 근거/이유로 설득하고 있습니다. 문제는 채식의 확산에 따른 영향을 서술한 후반부에서 "아마존 열대 우림의 농지 개발"을 언급함으로써 '지구 환경 지키기'라는 근거를 스스로 부정하는 이율배반이 나타나고 있다는 점입니다.

논리는 정확성과 일관성을 갖춰야 합니다. 용건은 타당해야 하며 근거/이유는 엄밀한 사실, 적절한 인용과 비유, 정확한 통계, 정합성에 바탕을 둔 논리 등을 사용해야 합니다. 이것을 표현한 내용 단락 간의 연결은 긴밀해야 하며 서로 모순되거나 어긋나지 않아야 합니다. 특히 용건과 근거/이유, 각각의 근거/이유 사이에 논리적 일관성을 유지해야 합니다.

위의 글이 정확성과 일관성을 갖기 위해선 채식의 긍정적 측면만 언급할 것이 아니라 예상하지 못했던 부작용과 대안까지 짚어 봐야 합니다. 좋은 글은 단선적 의식, 단면적 관찰이 아니라 중층적 사고, 총체적 통찰을 담고 있습니다.

채식의 확산은 바람직한 현상이다. 채식은 인간의 육체와 정신을 건강하게 만든다. 가축 사육으로 인한 환경 오염과 가축 도살에 따른 생명 파괴를 막을 수 있다. 살기 좋은 지구를 만들기 위해서도 이것이 확산돼야 한다.

그러나 좋은 점만 있는 것은 아니다. 지금 미국과 유럽을 중심으로 채식 인구가 빠르게 늘어나고 있다. 이들에게 식품을 대기 위해 아마존 열대 우림 지역에서 농지 개발이란 이름으로 환경이 파괴되고 있다.

채식의 확산이 뜻하지 않은 환경 파괴로 이어지지 않도록 국제적 노력이 절실하다.

## 용건부터 파악

용건과 근거/이유를 실제 업무 글쓰기에 적용해 볼까요? 예를 들어 회사의 오래된 컴퓨터를 교체하는 내용으로 검토 보고서를 작성한다고 가정할 때 아래와 같이 논리를 전개할 수 있습니다.

### 사내 컴퓨터 교체 검토

**1. 추진배경**
- 사내 IT 인프라는 현재 5년 전 구입한 컴퓨터들로 구성
- 오래된 컴퓨터를 사용하는 데 따른 부작용과 문제점을 간략히 설명드리고자 함

**2. 검토 내용**
- **성능 저하 및 보안 취약**
  - 오래된 컴퓨터들은 기술적으로 뒤떨어져 업무에 필요한 빠른 작업 수행이 불가

- 하드웨어와 소프트웨어의 성능 저하로 업무 처리가 느려지고 오류 발생
- 데이터 무결성과 보안의 취약점으로 기밀 정보 노출 우려

■ **유지 보수 및 운영 비용 증가**

- 오래된 컴퓨터들은 부품이 희소해져 유지 보수 비용이 증가
- 고장 발생 시 수리 비용이 증가하고 장기간 사용할 수 없는 시간이 발생

■ **생산성 저하 및 업무 지연**

- 업무에 필요한 속도와 성능을 제공하지 못해 업무 처리 지장
- 프로그램 실행과 파일 로딩에 시간이 오래 걸려 업무 효율성 저하
- 업무 지연으로 인해 프로젝트 마감일을 지키기 어려운 경우도 발생

## 3. 결론

■ 새로운 컴퓨터로 교체하는 결정은 꼭 필요한 선택이라고 판단
■ 교체를 통해 업무 효율성을 향상시키고 장기적인 비용 절감을 이룰 수 있으며, 데이터 보안과 업무 성과를 향상시키는 데 긍정적인 영향 기대

이 글의 용건은 결론 부분의 "새로운 컴퓨터로 교체하는 결

정이 꼭 필요한 선택"입니다. 근거/이유는 검토 내용 부분의 "성능 저하 및 보안 취약, 유지 보수 및 운영 비용 증가, 생산성 저하 및 업무 지연"입니다.

보고서를 읽을 때는 용건부터 찾아야 합니다. 용건을 정확하게 파악해야 그에 따른 근거/이유도 명료하게 정리할 수 있습니다. 비단 보고서를 읽을 때만이 아니라 모든 글을 읽을 때 필요한 요령입니다. 심지어 동료나 상관의 이야기를 들을 때도 용건이 무엇인지부터 찾는 데 온 신경을 집중해야 합니다. 상대방이 전하려는 용건을 찾아내는 능력이야말로 경청의 핵심입니다.

보고서를 작성할 때도 용건, 근거/이유가 명료해야 보고서를 읽는 결재권자를 설득할 수 있습니다. 용건은 항상 타당해야 합니다. 타당하지 않은 내용은 애초에 용건으로 성립될 수 없습니다. 타당하다는 의미는 상식과 윤리에 맞아야 하고 조직에 이익이 되며 실현 가능한 것입니다. 근거는 가급적 구체적이고 생생한 것이 좋습니다. 읽어도 이해할 수 없는 방식으로 표현되거나 애초부터 난해한 관념이나 이론에 바탕을 둔다면 용건을 뒷받침할 수 없습니다.

## 설득력과 구체성

논리적인 글을 읽을 때 독자는 대체로 두 가지 반응을 보입니다. 먼저 소극적인 반응인 이해입니다. 글을 읽었을 때 머릿속으로 '그런가?' 하는 정도의 심드렁한 생각을 떠올립니다. 다음으로 적극적인 반응인 공감, 동의입니다. 읽었을 때 '그렇구나!' 라는 탄성이 흘러나오고 마음이 따라 움직이는 것입니다.

> 자신의 처지를 비관하며 우울한 감정이 드는 것은 남들과 비교하는 그릇된 습관 때문이다. 비교 의식이 클수록 삶의 만족도는 낮았고, 특히 소득을 비교하는 사람은 질투심에 사로잡혀 더 불행을 느끼는 것이다.

이 글을 읽은 독자들은 어떤 반응을 보일까요? 첫 번째 문장이 용건이고 두 번째 문장이 근거/이유입니다. 용건이 타당한 것은 좋지만 근거/이유가 구체적 사실을 제시하지 않고 추상적인 의견을 설명하고 있습니다. 이러면 독자는 이해 정도의 소극적 반응을 보일 것입니다.

일반적인 글은 공감, 동의의 반응을 보이면 더 좋겠지만 이해 정도의 반응을 보여도 큰 문제는 없습니다. 특별한 목적을 기대하고 쓰는 것은 아닐 테니까요. 그러나 업무 글쓰기는 그냥 한번 써보는 글이 아니라 실행을 전제로 합니다. 결재권자나 독자의 마음을 움직여야만 그 목적을 이룰 수 있기 때문에 반드시 적극적인 반응을 이끌어 내야 합니다. 앞의 글에 이런 구체적 연구 결과를 인용한 근거/이유가 붙는다면 공감, 동의 반응을 기대할 수 있을 겁니다.

> 이 같은 사실은 프랑스 파리경제대학의 앤드루 클라크 박사 연구팀이 유럽인들의 소득 비교 의식과 삶의 만족도를 조사한 논문에서 밝혀졌다. 조사 결과 유럽인들은 소득 비교를 중요하게 여기고 있었는데, 같은 임금을 받아도 월급액 비교에 연연하는 사람은 삶의 만족도가 떨어진 것으로 나타났다. 특히 잘사는 지역의 사람들일수록 남과 비교를 많이 하게 되고 쉽게 현실을 비관해 스스로 목숨을 끊는 비율이 더 높게 나왔다.
>
> _김용, "나는 불행? 부자 동네에 자살이 많은 이유", 「코메디닷컴」

## 실용은 두괄식

용건의 위치도 아주 중요합니다. 용건이 앞에 오면 두괄식, 뒤에 가면 미괄식, 양쪽에 위치하면 양괄식이라 부릅니다.

업무 글쓰기는 두괄식과 양괄식이 효과적입니다. 대부분의 결재권자는 결정, 판단의 내용(용건)부터 듣고 난 뒤 근거/이유를 듣고 싶어 합니다. 결재권자가 핵심을 파악하는 시간을 줄일 수 있기 때문입니다. 근거/이유가 조금 엇나간다고 해도 용건을 미리 알고 있기 때문에 혼란 없이 논지를 파악할 수 있습니다. 업무 글쓰기를 할 때 용건을 먼저 글머리에 제시하면 근거/이유가 엉뚱한 방향으로 흐르는 것을 막아 줍니다.

> 김성주 팀장이 갑작스러운 중국 출장으로 이번 주 화요일에 예정된 '신사업 개발 TF' 워크숍에 참여할 수 없게 됐습니다. 조경원 팀장은 이번 주 다른 요일에 일정을 내기 어렵고 다음 주엔 화~목요일에 가능하다고 합니다. 최철수 과장은 금요일 일본 출장을 갔다 다음 주 화요일에 돌아온다고 합니다. 워크숍 장소는 다음 주 수~목요일 예약이 가능합니다. '신사업 개발 TF' 결과 발표는 금요일 아침 9시에 예정돼 있습니다. 워크숍 일정을 다음 주 수요일 오후 2시로 잡으면 어떨까요?

어느 회사에서 워크숍에 참여하는 사람들에게 보내는 이메일 내용입니다. 이 글의 용건은 어디에 있을까요? 맨 마지막 문장인 "워크숍 일정을 다음 주 수요일 오후 2시로 잡으면 어떨까요?"입니다. 즉, 미괄식입니다.

미괄식으로 글을 쓰면 읽는 사람들은 어떻게 반응할까요? '다음 주 수요일 오후 2시'라는 용건을 읽기 위해 김 팀장·조

팀장·최 과장의 사정, 워크숍 장소, 결과 발표 등 무려 다섯 개의 상황을 읽어야 합니다. 용건을 만나기 전에는 이런 정보를 이야기하는 이유를 알 수 없습니다. 용건을 만나고 나서야 "이 얘길 하려고 그동안 주저리주저리 상황을 나열했구나"라고 알게 됩니다. 하지만 글을 읽을 때 우리의 주의력은 점점 낮아집니다. 다시 말해 가장 주의력이 낮을 때 용건을 읽게 되면 효율성이 떨어집니다.

이번 주 화요일 '신사업 개발 TF' 워크숍을 다음 주 수요일 오후 2시로 연기하면 어떨까요? 이렇게 하면 김성주 팀장이 참석할 수 있고 조경원 팀장, 최철수 과장의 일정에도 맞습니다. 워크숍 장소는 다음 주 수~목요일만 예약이 가능합니다. 다음 주 금요일 아침 9시 발표를 준비하려면 늦어도 수요일까지 내용 정리가 필요합니다.

이렇게 두괄식으로 바꾸면 일단 전체 글의 분량이 절반 수준으로 줄어듭니다. 용건을 먼저 이야기했기에 각각의 상황을 구구절절 설명할 필요가 없습니다. 독자가 첫 문장만 읽어도 이메일의 목적을 이해할 수 있습니다. 그리고 뒤이어 나오는 상황을 읽으며 왜 "다음 주 수요일 오후 2시로 연기"할 수밖에 없는지 그 이유를 알게 됩니다.

## K-Health 3.0 프로젝트 추진

### ■ 추진배경

- (패러다임) 의료 서비스 패러다임이 병을 진단 치료하는 진료(cure) 중심에서 관리·예방 중심으로 변화
- (기술) 의료IT 융합을 기반으로 한 글로벌 헬스케어 시장은 급성장*

  * 2009년 1,431억 달러 ⇨ 2013년 2,539억 달러(연평균 15.7% 성장)

### ■ 현황 문제점

- (시스템) 국내 의료 시스템은 대형병원 환자 쏠림, 과잉 중복 진료 등 구조적 후진성 답보
- (시장) 전문가 집단의 반대, 제도적 뒷받침 부족 등으로 헬스케어 시장 활성화에 어려움

### ■ 개선방안

- (방향) 의료 서비스 패러다임 변화에 대응하고, 현 의료 시스템의 만성적 문제 해결을 위한 대안 마련 필요
- (전략) 전문가 및 의료기관의 협력이 용이한 산재병원 대상으로 의료 시스템 혁신 모델 실증 추진 후 ICT 기반 의료 정보 교류 표준 모델인 K-Health 3.0 마련

문해력의 본질

- (세부내용) 10개 산재병원 및 5,500개 산재 지정 병원 간 의료 정보 교류 플랫폼 구축 및 환자 맞춤형 의료 서비스 제공
- (예산) 15억 원

이 보고서의 용건은 무엇일까요? "전문가 및 의료기관의 협력이 용이한 산재병원 대상으로 의료 시스템 혁신 모델 실증 추진 후 ICT 기반 의료 정보 교류 표준 모델인 K-Health 3.0 마련"입니다. 'K-Health 3.0 프로젝트'가 제목에 있지만 그 구체적 내용은 '개선방안'의 '전략' 항목 내용을 읽어야 이해할 수 있습니다. 미괄식 보고서입니다.

미괄식 보고서를 읽을 때 결재권자는 어떤 기분이 들까요? 비유적으로 표현해 보겠습니다. 회사 대표에게 물을 주기 위해 물병을 들고 찾아갑니다. 병마개를 열고 물병을 기울여 물을 따릅니다. 대표는 이 물을 마실 수 있을까요? 어떤 일이 벌어질까요? 속수무책으로 물이 바닥에 흘러내릴 뿐 대표는 물을 마실 수 없습니다.

대표가 물을 마실 수 있게 하려면 물을 따르기 전에 무엇부터 줘야 할까요? 컵부터 줘야 합니다. 컵이 바로 위 보고서에서 용건에 해당합니다. 물병 속에 든 물은 보고 내용 전체에 해당합니다. 컵부터 주고 물을 따라야 물을 제대로 마실 수 있는 것처럼 용건부터 제시하고 보고 내용을 전개해야 보고서를 제

대로 읽을 수 있습니다. 미괄식으로 쓴 보고서는 마무리 부분에서 용건을 확인한 후 처음부터 다시 읽어야 제대로 내용을 이해할 수 있습니다. 두괄식으로 바꾸면 이렇게 됩니다.

**K-Health 3.0 프로젝트 추진**

**■ 개요**

- 전문가 및 의료기관의 협력이 용이한 산재병원 간 의료 정보 교류 플랫폼 구축 및 환자 맞춤형 의료 서비스 제공으로 ICT 기반 의료 정보 교류 표준 모델인 K-Health 3.0 추진

**■ 추진배경**

- (패러다임) 의료 서비스 패러다임이 병을 진단 치료하는 진료 (cure) 중심에서 관리·예방 중심으로 변화
- (기술) 의료IT 융합을 기반으로 한 글로벌 헬스케어 시장은 급성장 *

    * 2009년 1,431억 달러 ⇨ 2013년 2,539억 달러(연평균 15.7% 성장)

**■ 현황 문제점**

- (시스템) 국내 의료 시스템은 대형병원 환자 쏠림, 과잉 중복 진료 등 구조적 후진성 답보

- (시장) 전문가 집단의 반대, 제도적 뒷받침 부족 등으로 헬스케어 시장 활성화에 어려움

■ **개선방안**
- (방향) 의료 서비스 패러다임 변화에 대응하고, 현 의료 시스템의 만성적 문제 해결을 위한 대안 마련 필요
- (전략) 전문가 및 의료기관의 협력이 용이한 산재병원 대상으로 의료 시스템 혁신 모델 실증 추진 후 ICT 기반 의료 정보 교류 표준 모델인 K-Health 3.0 마련
- (세부내용) 10개 산재병원 및 5,500개 산재 지정 병원 간 의료 정보 교류 플랫폼 구축 및 환자 맞춤형 의료 서비스 제공
- (예산) 15억 원

이렇게 정보 전달, 의사결정 등 실용적, 업무적 목적의 글쓰기는 두괄식이 좋습니다. 다만 예외적으로 벤치마킹 보고서는 두괄식보다 미괄식이 더 효과적입니다. 벤치마킹 보고서는 결재권자, 독자가 갖고 있는 익숙한 생각의 패러다임을 바꿔야 합니다. 만약 단도직입으로 다른 패러다임부터 제시한다면 새로운 생각을 차단할 수 있습니다. 배경과 근거를 차근차근 설명한 뒤 용건을 이야기해야 수월하게 그 내용을 수용하게 되죠.

# 비실용은 미괄식

미괄식 구성은 스토리텔링, 재미, 통찰, 감동 등 비실용적 목적을 위한 글쓰기에 적절합니다.

> 없는 사람이 살기는 겨울보다 여름이 낫다고 하지만 교도소의 우리들은 없이 살기는 더합니다만 차라리 겨울을 택합니다. 왜냐하면 여름 징역의 열 가지 스무 가지 장점을 일시에 무색케 해버리는 결정적인 사실 — 여름 징역은 자기의 바로 옆 사람을 증오하게 한다는 사실 때문입니다. 모로 누워 칼잠을 자야 하는 좁은 잠자리는 옆 사람을 단지 37℃의 열덩어리로만 느끼게 합니다. 이것은 옆 사람의 체온으로 추위를 이겨 나가는 겨울철의 원시적 우정과는 극명한 대조를 이루는 형벌 중의 형벌입니다. 자기의 가장 가까이에 있는 사람을 미워한다는 사실, 자기의 가장 가까이에 있는 사람으로부터 미움받는다는 사실은 매우 불행한 일입니다.
>
> _신영복, "여름 징역살이", 『감옥으로부터의 사색』, 돌베개

이 글의 용건은 마지막 문장입니다. 없는 사람이 살기는 겨울보다 여름이 나을 것이라고 하는 일반적 통념, 고정관념을 깨뜨리는 통찰의 글쓰기입니다. 이렇게 용건을 마무리 부분에 제시해야 통념, 고정관념의 심리적 저항을 피해 갈 수 있고 생

각의 변화에 따른 울림도 더 커지겠죠.

　실용적, 업무적 목적이라고 해도 스토리텔링 방식으로 작성하면 미괄식이 더 효과적입니다. 아래는 스토리텔링 방식을 활용한 홍보 자료입니다. 마무리 부분 볼드 처리 부분이 이 글의 용건입니다.

**"책 속 마법, 독서의 모험 시작합니다!"**
**— 초등학생을 위한 독서지원 프로그램 —**

한 마을에 사는 꼬마 탐험가들이 있었습니다. 책 속에서 새로운 세계를 발견하고 마법 같은 여행을 떠나는 아이들이었죠. 하지만 어떤 아이들은 독서에 자신감이 부족하고, 책과 친구가 되는 즐거움을 느끼지 못해 망설이기만 했어요.

어느 날 '도서탐험가 그래디'가 나타났습니다. 그래디는 아이들과 함께 책 속에서 모험을 즐기는 용감한 영웅입니다. 하지만 그래디는 아직 독서를 통해 마법 같은 모험을 경험하지 못하는 친구들이 안타까웠어요. 그들을 위해 대단한 계획을 세웁니다.

1. 책 속 화려한 세계로 여행하기: 그래디는 초등학생들이 책 속의 화려한 세계로 함께 여행하게 만드는 독서 지원 프로그램을 개발합니다. 이 프로그램은 다양한 장르와 주제의 책으로 채워진 도서

관에 설치됩니다.

2. 우정의 결속과 팀워크 강화: 그래디의 프로그램 내에서 다양한 독서 그룹을 만들어 독서를 주저하는 아이를 응원하고 책 속의 이야기를 통해 우정의 팀워크를 강화합니다.

3. 창의적인 활동과 이벤트: 공예품 만들기, 그림 그리기, 캐릭터 놀이 등 책의 세계와 함께 다양한 창의적인 활동과 이벤트를 개최해 아이들의 참여도를 높입니다.

4. 성장과 도전 격려: 프로그램을 통해 아이들의 독서 능력을 기록하고 성장을 격려하며 그들의 노력과 열정을 인정하는 특별한 시상식을 개최해 자신감을 심어 줍니다.

그래디의 프로그램이 성공적으로 진행되면 초등학생들은 자신감을 찾고 독서의 즐거움을 느끼며, 책 속에서 새로운 세계로 여행하게 됩니다. 독서는 더 이상 어려운 과제가 아닙니다. **그래디의 프로그램은 우리 아이들에게 무한한 세계를 보여 주고, 끝임없는 성장과 발전의 기회를 선사합니다. 이제, 우리 마을의 모든 아이들이 독서의 즐거움을 함께 누려 나갈 수 있는 모험을 함께 시작해 볼까요?**

## 양괄식

두괄식의 장점을 더 강화하기 위해 용건을 글의 시작에 제시하고 마무리에서 한 번 더 강조하는 양괄식 구성도 효과적입니다.

합리적인 사람이라면 실제 가능성에 근거해 의사결정을 해야 한다. 합리적이지 못한 사람이 비행기 사고에 대한 뉴스를 보고 잘못된 선택을 한다. 앞으로도 나는 합리적으로 살려고 노력할 것이고 가능하다면 항공 여행을 계속하겠다.

실제 항공 여행은 기차 여행이나 배 여행보다 안전하다. 통계적으로 사고 확률이 가장 낮은 것으로 조사됐다. 기차 또는 버스에 의한 사고가 더 일반적임에도 언론에 비행기 사고가 더 크게 보도돼 결과적으로 항공사는 안전을 위해 더 많은 투자를 한다.

항공 여행의 또 다른 장점은 비행기가 가장 편리한 교통수단이라는 점이다. 비행기는 내가 가고 싶은 곳에 갈 수 있는 가장 빠른 여행 수단이다. 또한 가장 덜 피곤한 상태로 목적지에 도착해 비즈니스 또는 휴가를 준비할 수 있다.

만약 내게 비행기, 기차 또는 버스를 이용한 여행 기회가 주어진다면, 나는 언제나 비행기를 선택할 것이다. 비행기 사고에 대한 방송 보도는 내 선택에 어떤 영향도 끼치지 않는다.

이 글에서 용건은 시작 부분인 "나는 합리적으로 살려고 노력할 것이고 가능하다면 항공 여행을 계속하겠다"와 마무리 부분인 "나는 언제나 비행기를 선택할 것이다"입니다. 이유는 안전과 편리입니다. 안전의 근거는 "통계적으로 사고 확률이 가장 낮다", "안전을 위해 더 많은 투자를 한다"입니다. 편리의 근거는 "가장 빠르다", "가장 덜 피곤하다"입니다. 이를 피라미드식으로 정리하면 아래와 같습니다.

| (합리적으로 살려고 노력할 것이고 가능하다면) 비행기를 선택할 것이다 | | | |
| --- | --- | --- | --- |
| 안전 | | 편리 | |
| 통계적으로 사고 확률이 가장 낮다 | 안전을 위해 더 많은 투자를 한다 | 가장 빠르다 | 가장 덜 피곤하다 |

용건에 "합리적으로 살려고 노력할 것이고 가능하다면" 부분이 들어갈 수도 있고 빠질 수도 있습니다. 이에 따라 논증 방법이 달라집니다. "합리적인 사람이라면 실제 가능성에 근거해 의사결정을 해야 한다"는 부분은 대전제에 해당합니다.

대전제는 "모든 인간은 죽는다"처럼 구체적 논증의 바탕이 되는 만고불변의 진리, 경험하기 이전부터 존재하는 선험적 진리입니다.

이렇게 대전제를 설정하고 논리를 전개하면 연역법이 됩니다. "모든 인간은 죽는다. 소크라테스는 인간이다. 그러므로 소크라테스는 죽는다"가 대표적인 연역법입니다. 프랑스의 철학자 르네 데카르트 등 합리주의 철학자들이 발전시킨 논증법입니다.

그러나 대전제를 빼 버리고 "비행기를 선택할 것이다"만 용건으로 제시하면 귀납법이 됩니다. 귀납법은 경험의 결과를 통해 용건을 만들어 내는 논증 방법입니다. 근거와 이유에서 제시된 경험을 통해 비행기 선택이라는 용건, 즉 결론에 도달한 것입니다. 귀납법은 영국의 프랜시스 베이컨 등 경험주의 철학자들이 발전시킨 논증법입니다.

연역법, 귀납법 모두 논리를 전개해 나가는 데 유용한 논증 방법입니다. 귀납법은 자연과학의 연구, 사회과학의 통계분석 등에서 실험과 데이터 결과를 통해 보편적 원리나 결론을 도출할 때 유용합니다. 이공계 출신들은 주로 귀납적 사고에 익숙합니다.

반면 기획, 홍보, 마케팅 등은 연역의 세계입니다. 가치와 의미의 기준을 먼저 정의하고 논리 프레임으로 만들어 결재권자, 독자, 고객을 설득하는 방식입니다.

귀납적 사고에 익숙한 이공계 출신들이 기획, 홍보, 마케팅 분야에서 고전을 하는 이유가 여기에 있습니다. 이공계 출신이라면 연역적 사고 훈련에 더 많은 관심을 기울이면 좋습니다.

마찬가지로 인문계 출신이라면 귀납적 사고를 통해 논리의 엄밀성과 정확성을 키우는 데 많은 노력을 기울여야 합니다.

가장 강력한 논증 방법은 귀납의 결과를 연역의 언어로 풀어 내는 것입니다. 최고의 보고서, 이메일, 홍보문은 두 가지 논증 방법이 조화를 이룰 때 탄생합니다.

# 스토리텔링

## 스토리의 3요소

황사바람 부는 거리에서 전경들이 점심을 먹는다. 외국 대사관 담 밑에서, 시위 군중과 대치하고 있는 광장에서, 전경들은 땅바닥에 주저앉아 밥을 먹는다. 닭장차 옆에 비닐로 포장을 치고 그 속에 들어가서 먹는다. 된장국과 깍두기와 졸인 생선 한 토막이 담긴 식판을 끼고 두 줄로 앉아서 밥을 먹는다. 다 먹으면 신병들이 식판을 챙겨서 차에 싣고 잔반통을 치운다.

시위 군중들도 점심을 먹는다. 길바닥에 주저앉아서 준비해 온 도시락이나 배달시킨 자장면을 먹는다. 전경들이 가방을 들고 온 배달원의 길을 열어 준다. 밥을 먹고 있는 군중들의 둘레를 밥을 다 먹은 전경들과 밥을 아직 못 먹은 전경들이 교대로 둘러싼다.

시위대와 전경이 대치한 거리의 식당에서 기자도 짬뽕으로 점심을 먹는다. 다 먹고 나면 시위 군중과 전경과 기자는 또 제가끔 일을 시작한다.

밥은 누구나 다 먹어야 하는 것이지만, 제 목구멍으로 넘어가는 밥만이 각자의 고픈 배를 채워 줄 수가 있다. 밥은 개별적이면서도 보편적이다. 시위 현장의 점심시간은 문득 고요하고 평화롭다.

황사바람 부는 거리에서 시위 군중의 밥과 전경의 밥과 기자의 밥은 다르지 않았다. 그 거리에서, 밥의 개별성과 밥의 보편성은 같은 것이었다. 아마도 세상의 모든 밥이 그러할 것이다.

_김훈, 『라면을 끓이며』, 「밥 2」, 74~75쪽 중에서

소설가 김훈의 칼럼 '밥에 대한 단상' 전문입니다. 이 칼럼은 마무리 부분 두 단락을 제외하고 글 전체가 스토리텔링(우리말 '이야기'는 너무 포괄적인 의미를 담고 있어 서사적 특징을 더 분명하게 나타낼 수 있는 스토리텔링[storytelling]으로 사용) 방식으로 쓰여 있습니다. 진영 간, 계층 간 사회 갈등이 극심한 우리 사회에서 밥을 먹고 살기 위해 시위대, 전경, 기자라는 각각의 역할을 수행하고 있지만 결국 밥을 먹는다는 행위 앞에서 다르지 않다는 메시지를 담고 있습니다.

이 글이 많은 사람의 마음을 움직인 것은 메시지를 논리,

의견, 주장으로 설득하지 않고 스토리텔링으로 풀어 내고 있기 때문입니다. 논리, 의견, 주장은 서로 다를 경우 이를 조화시키거나 조율하기 어렵습니다. 상대방이 아무리 설득력 있는 논리, 의견, 주장을 펼쳐도 "그건 네 생각이고!"라는 프레임을 벗어나기 어렵습니다. 스토리텔링은 글에 표현된 사실, 사례, 비유를 함께 보고 느끼게 합니다. 설사 생각의 차이가 있다 해도, 그 차이를 넘어 함께 공감하게 만드는 힘이 있습니다.

미국의 소설가 어니스트 헤밍웨이(Ernest Hemingway)는 "설명하지 말고 보여 줘!(Show, Don't tell!)"라고 말했습니다. 말과 글은 오감으로 느끼는 것과 생각으로 헤아리는 것으로 나뉩니다. 오감으로 느끼는 것이 보여 주는 언어, 즉 쇼잉(showing)이고, 생각으로 헤아리는 것이 설명하는 언어, 즉 텔링(telling)입니다. 논리는 설명하는 언어이고 스토리텔링은 보여 주는 언어입니다. 스토리텔링이 작은 생각의 차이를 넘어 강력한 설득력을 표현하기 위한 수단인 이유가 여기에 있습니다.

그렇다면 스토리는 어떤 요소들로 성립되는지 살펴보겠습니다. 위 칼럼을 살펴보면 전경, 시위 군중, 기자라는 인물이 등장합니다. 시간적 배경은 한낮이고 공간적 배경은 황사바람 부는 거리, 외국대사관 담 밑, 광장입니다. 시위를 하거나 막거나 취재하다 각자 점심을 먹는 사건이 전개됩니다. 위 칼럼은 전경, 시위 군중, 기자라는 등장인물이 한낮 황사바람 부는 거리, 외국대사관 담 밑, 광장에서 시위를 하거나 막거나 취재하다 각자 점심을 먹는다는 내용의 스토리입니다.

스토리는 결국 누가 언제 어디서 무엇을 했다는 내용임을 알 수 있습니다. 인물, 배경, 사건이 씨줄과 날줄처럼 서로 얽히고설켜 스토리 라인을 만들어 내는 것입니다. 이처럼 인물, 배경, 사건의 특성과 방법을 잘 알아야 스토리에 대한 문해력을 키울 수 있고 스토리텔링을 활용한 문서도 작성할 수 있습니다.

## 인물

인물은 스토리를 끌고 나가는 사람이나 의인화된 생물 혹은 사물입니다. 인물은 혼자 등장하기도 하지만 일반적으로 극적 효과를 위해 여럿이 등장합니다. 주동 인물은 글을 쓰는 사람이 자신의 주제 의식을 실천하는 데 중심적인 역할을 합니다. 쉽게 말해 소설, 영화, 드라마의 주인공을 떠올리면 됩니다. 물론 주인공이 아닌 경우도 있지만 대부분 주인공이 주동 인물입니다. 반동 인물은 주동 인물과 부딪히고 갈등을 일으키는 역할을 합니다. 부차적 인물은 주동 인물과 반동 인물 사이에서 극적 긴장을 만들거나 이완시키는 역할을 합니다.

다음은 초콜릿으로 유명한 고디바(GODIVA) 브랜드를 홍보하는 글입니다.

벨기에 초콜릿 고디바 좋아하시나요? 고디바는 영국에서 전해져 내려오는 아름다운 이야기의 주인공입니다. 고디바 부인은 11세기경 영국의 코번트리 지역을 통치하고 있던 레오프릭(Leofric)의 아내였습니다. 남편이 터무니없이 높은 세금을 책정해 백성들이 힘들어하는 모습을 딱히 여긴 고디바 부인이 세금을 낮춰 달라고 요청했으나 남편은 계속 거절했습니다.

남편은 고디바 부인이 더 이상 이런 요청을 하지 않도록 하기 위해 알몸으로 말을 타고 마을을 행진하면 세금을 낮추겠다고 말했습니다. 고디바 부인은 코번트리 백성들을 위해 실오라기 하나 걸치지 않은 채 알몸으로 마을을 행진했습니다. 하지만 행진 때 마을 사람들은 고디바 부인을 위해 한 명도 길에 나오지 않았으며 다들 창문을 닫고 커튼을 치고 있었습니다.

나중에 고디바 부인은 유럽 전 지역에서 유명해졌고 연극, 음악, 미술 등 예술계에서도 그녀를 모티브로 딴 작품이 많이 생겨났습니다. 고디바 초콜릿은 고디바의 숭고한 용기, 희생의 뜻을 담고 있습니다.

위의 글에서 고디바 부인이 주동 인물이고 그의 남편 레오프릭이 반동 인물입니다. 창문을 닫은 코번트리 백성들은 부차적 인물입니다. 주동 인물은 반동 인물 때문에 캐릭터와 존재감이 더욱 빛나고 부차적 인물은 주동 인물과 반동 인물 사이의 갈등을 연결하거나 뒷받침합니다.

인물을 표현하는 도구는 묘사와 성격, 고백, 의인화 등입니다. 인물 묘사는 인물의 용모, 몸매, 복장, 목소리, 행동 등 외적 특징을 그려 내는 것으로 독자가 인물의 성격을 짐작하도록 만듭니다.

1. 그녀는 언제나 호사스럽게 원피스를 차려입고 다녔다. 청순한 얼굴에 작게 웃는 입술이 인상적이었다. 깨끗한 피부는 대리석을 연상시켰으며 눈동자는 맑은 빛을 띠고 있었다. 몸매는 가느다란 허리와 잘록한 다리로 아름답게 조화를 이루고 있었다. 하지만 눈에 띄는 유일한 흠은 왼쪽 볼에 작게 흉터가 나 있는 것이었다.

2. 열두 살 태피소 마테는 패배를 납득할 수 없었다. 그의 팀 코트렐랑 초등학교는 2년 전 이 대회에서 우승했다. 그때도 태피소는 팀의 스트라이커였다. 그런데 올해는 3·4위전에서도 졌다. "화가 나요. 아주 많이." 태피소는 무릎 사이에 고개를 묻고 씩씩거렸다. "나는 오늘 네 경기에서 세 골을 넣었어요. 기회만 온다면 또 골을 넣을 수 있어요. 미드필더 잘못이에요. 나한테 공을 공급하지 못했죠. 수비수도 제 역할을 못했어요." 태피소의 키는 120센티미터가 되지 않았다. 스트라이커치고는 작은 게 아닐까. "축구에서 키는

상관없어요. 기술이 중요하죠. 리오넬 메시라고 알아요?"

_안수찬, "소년의 꿈은 '바파나 바파나'", 「한겨레21」

첫 번째 예문은 단순한 외모를 묘사하고 있을 뿐이어서 인물의 성격을 알기는 쉽지 않습니다. 두 번째 예문은 태피소가 얼마나 당차고 승부욕이 넘치는 소년인지 인물의 성격을 확연히 드러내고 있습니다.

1. 내 이름은 알리스 닐(Alice Neel). 인물화를 주로 그린 미국 화가예요. 내 고향은 미국 펜실베이니아 시골이에요. 어느 날 아빠가 묻더군요. "알리스, 너도 '그냥 여자'로 살 거니?" "아뇨, 난 여자라는 이유로 하고 싶은 일도 못하는 '2등 시민'으로 살진 않겠어요." 고교 졸업 뒤 돈을 모아 1921년 필라델피아 여성디자인학교에 들어갔어요. 거기서 운명처럼 쿠바에서 온 카를로스 엔리케스를 만나 사랑에 빠져 결혼했지만 3년 만에 헤어졌어요. 남편은 쿠바에 맨해튼만 한 농장을 가진 부잣집 아들이었어요. 1928년 둘째딸을 낳자 "함께 아바나로 가자"고 하더군요. 난 거기가 싫었어요. 남편은 딸을 데리고 아바나로 떠났고 나는 신경쇠약에 걸렸어요. 두 번의 자살 시도 그리고 정신병원 입원.

_이태훈, "당신이 모르는 당신을 그립니다, 내 이름은 알리스 닐", 「아트조선」

2. 나는 당신의 동반자 브랜드 X입니다. 당신이 침대에서 눈을 뜨는 순간부터 눈을 감는 순간까지 함께합니다. 나는 당신의 생각, 활동, 지식, 업무, 휴식 등 당신의 일상을 더욱 풍요롭게 만듭니다. 내 캐릭터는 당신이 사용하면 사용할수록 최적화될 것이며 내 몸은 슬림한 바디와 미려한 광택 소재로 가볍고 견고합니다. 나를 통해 오늘을 즐기고, 내일을 기대하세요. 브랜드 X와 함께라면 더 나은 미래가 기다리고 있습니다

첫 번째 예문은 누군가에게 자신의 이야기를 고백하는 방식으로 인물의 성격과 가치관을 드러내고 있습니다. 두 번째 예문은 스마트폰이 마치 사람인 것처럼 의인화해 자신의 가치와 외관을 어필하고 있습니다.

## 사건

사건은 단순 구성, 복합 구성, 액자 구성, 옴니버스 구성, 알레고리 등으로 나눌 수 있습니다. 단순 구성은 하나의 사건으로 하나의 주제를 드러내는 간단하고 직선적인 스토리 구조입니다. 쉽게 말해 등장인물이 하나의 목표를 달성하기 위해 장애물을 극복하거나 하나의 갈등을 풀어 나가는 방식입니다. 신데렐라가 온갖 역경을 딛고 왕자와 결혼했다는 방식의 이야기

입니다. 아래 예문은 텃밭을 둘러싼 기대와 좌절의 내용을 담고 있는 단순 구성입니다.

> 늦여름에 심을 수 있는 작물은 많지 않았다. 무와 상추는 씨로 심고, 쪽파는 구근으로 심었다. 땅이 원래 습한 데다 비까지 적당히 내려 두 주일 만에 어린 싹을 볼 수 있었다. 무와 열무의 새싹은 하트 모양이었고 쪽파는 성게처럼 가느다란 연둣빛 침이 돋았다. 상추는 모종으로 한 판을 심었다. 주말 아침 온 식구가 부푼 기대를 안고 텃밭으로 나섰다. 아뿔싸. 텃밭 위의 푸른 기운은 싹 사라지고 붉은 맨 흙살만 드러나 있었다. 흙살 사이에 무와 열무, 쪽파가 파묻힌 흔적이 드문드문 보였다. 포크레인으로 텃밭을 긁었는지 포크레인 삽날의 굵은 흔적이 선명했다. 며칠 뒤 텃밭 가엔 '경작금지'라고 쓴 현수막이 붙어 있었다. 현수막 옆엔 '앞으로 농사를 짓지 마라'는 내용의 계고장이 붙어 있었다.
>
> _백승권, "텃밭과 경작금지", 「에코붓다」

복합 구성은 여러 사건과 복잡하고 다양한 요소들이 뒤섞여 중층적인 주제를 제시하는 스토리 구조입니다. 다양한 인물 캐릭터와 관계들이 여러 개의 목표와 갈등에 따라 종횡으로 엮입니다. 장편 소설, 영화, 드라마 등에서 볼 수 있습니다. 「해리포터」 시리즈에서 주인공 해리는 볼드모터를 물리

치는 목표를 갖고 있지만 영화 속에는 우정, 학교 생활, 개인적인 고민 등 다양한 서브 플롯이 존재합니다. 아래 예문은 필자의 뉴욕 방문 경험담과 애니메이션 「주토피아」의 내용을 엮어 인종차별과 공존의 문제를 짚어 내고 있습니다.

> 10년 전 미국에서 있었던 일이다. 내비게이션 없는 차를 몰고 뉴욕 외곽에서 길을 잘못 들었다. 거리 이곳저곳을 둘러봐도 온통 흑인들뿐이었다. 나는 덜컥 겁이 났다. 저들이 차 앞을 가로막지 않을까, 차 문을 열고 올라타진 않을까. 땀이 차오르는 손으로 정신없이 핸들을 돌렸다. 부끄러움을 깨달은 건 동네를 빠져나온 다음이었다. 사실 그들이 내게 피해를 준 건 없었다. 그들은 평범한 일상을 보내고 있었을 것이다. (중략)
>
> 디즈니 애니메이션 「주토피아」는 편견의 문제를 다루고 있다. 배경은 육식동물과 초식동물들이 어우러져 살아가는 이상적 도시(zoo utopia). 호모 사피엔스는 없다. '포유류 통합 정책'이 실시되는 이 도시의 경찰서에 어느 날 토끼 주디 홉스가 배치된다. 주디가 사기꾼 여우 닉 와일드와 연쇄 실종 사건을 풀어 나간다는 줄거리다.
>
> **_권석천, "「주토피아」, 우리에겐 다른 '친구'가 필요하다", 「채널예스」**

액자 구성은 이야기 속에 이야기를 넣는 스토리 구조입니다. 외부 스토리가 전체 테두리 역할을 하고 그 안에 내부 스토리를 포함시키는 방식입니다. 스토리의 핵심 내용은 주로 내부 스토리에 있고 외부 스토리는 내부 스토리의 진실성을 부여하는 역할을 합니다. 예를 들어 소설 『어린왕자』에서 비행기 고장으로 우연히 사막에 추락한 조종사가 어린 왕자를 만나 그의 이야기를 듣는 것이 외부 스토리입니다. 또 어린 왕자가 자신이 살고 있는 소행성 이야기, 지구에 도착해 만난 사람과 생물 이야기가 내부 스토리입니다.

옴니버스 구성은 여러 개의 개별적인 에피소드를 하나의 통일된 테마나 배경으로 묶어 낸 형태의 스토리 구조입니다. 각각의 에피소드들이 개별적인 인물, 사건, 배경에 따라 진행되는 독립성을 띠고 있지만 작품 전체로는 공통된 맥락을 갖고 있어 하나의 큰 이야기를 이룹니다. 이와이 슌지, 나탈리 포트만 등 11명의 감독이 각각 뉴욕을 배경으로 한 로맨스 스토리를 연출해 하나의 영화로 만든 「뉴욕 아이 러브 유」 등이 대표적입니다.

알레고리는 실제 인물이나 생물, 사물을 활용해 어떤 의미나 메시지를 상징적으로 전달하는 스토리 구조입니다. 알레고리는 숨겨진 의미를 갖고 있어 독자나 관객이 비유와 상징적 표현을 해석해야만 그 메시지를 이해할 수 있습니다. 조지 오웰(George Orwell)의 소설 『동물 농장』은 동물들이 인간들을 대신해 농장을 운영하면서 발생하는 충돌과 갈등을 그림으로

써 소련 공산주의의 문제점을 상징적으로 표현한 알레고리입니다. 아래 예문은 성경에 나오는 일화를 알레고리로 활용해 최근 우리 사회의 노동, 분배, 기본소득의 이슈에 대한 심층적 통찰을 제시하고 있습니다.

이상한 주인이었다. 이른 아침 일꾼들이 다 왔는데도 포도밭 주인은 오후에 장터로 나가 빈둥거리는 사람들에게 포도밭으로 가서 일을 하라고 권유했다. 저녁나절, 주인은 자신의 포도밭으로 가서 관리인에게 당부했다. '나중에 온 사람'에게도 처음에 온 사람과 똑같이 일당을 지불하라고. 그러자 이른 아침부터 온종일 땀 흘려 일한 사람들이 불만을 표시했다. 마태복음 20장에 나오는 포도밭 이야기의 한 대목이다. (중략)

저 포도밭 이야기에 대한 해석은 다양하게 열려 있다. 후일담이 상세하지 않기 때문이다. 그래서 몇 가지 질문이 뒤따른다. 이를테면 그날 귀갓길에서 일꾼들 사이에 어떤 대화가 오갔을까. 두어 시간 일하고 하루 품삯을 받은 사람은 기뻐했을까. 종일 일하고도 나중에 온 사람과 동일한 일당을 받은 사람의 발걸음은 어떠했을까. 관리인은 주인의 처사에 흔쾌히 동의했을까. 다음 날 장터에서는 또 어떤 이야기가 번져 나갔을까. 다른 포도밭 주인들은 이상한 포도밭에 대해 험담을 하지는 않았을까.

**_이문재, "'나중에 오지 못한 사람들'에게도", 「경향신문」**

# 배경

배경은 공간적 배경과 시간적 배경으로 나뉩니다. 공간적 배경과 시간적 배경은 일정한 질서를 갖고 있어야 합니다. 공간적 배경은 등장인물의 시선을 따르거나 좌에서 우, 가까운 곳에서 먼 곳, 높은 곳에서 낮은 곳 그리고 그 반대의 경우처럼 일정한 동선의 흐름에 따라 내용이 전개돼야 합니다.

1. 뉴욕 허드슨강이 흐르고 그 옆에 리버사이드 차도가 위치해 있습니다. 도시 안쪽으로 더 들어오면 낡은 고가도로를 친환경 생태공원으로 탈바꿈시킨 하이라인 파크의 최남단 시작점이 있고 거기 휘트니 미술관이 자리 잡고 있습니다. 저는 엘리베이터를 타고 8층부터 올라갔는데 층마다 야외 발코니가 있고 발코니와 건물 내부 사이에 투명한 유리벽을 설치해 건물 밖 풍경이 또 하나의 전시물처럼 느껴지도록 꾸며져 있었습니다. 발코니엔 조형물과 함께 다양한 형태의 의자가 있어 관람에 지친 다리를 편하게 쉬면서 도시 풍경도 감상할 수 있도록 배려하고 있었습니다.

2. 징이 울린다 막이 내렸다.
   오동나무에 전등이 매어달린 가설무대
   구경꾼이 돌아가고 난 텅 빈 운동장

우리는 분이 얼룩진 얼굴로

학교 앞 소줏집에 몰려 술을 마신다.

답답하고 고달프게 사는 것이 원통하다.

꽹과리를 앞장세워 장거리로 나서면

따라붙어 악을 쓰는 건 쪼무래기들뿐

처녀 애들은 기름집 담벼락에 붙어 서서

철없이 킬킬대는구나

보름달은 밝아 어떤 녀석은

꺽정이처럼 울부짖고 또 어떤 녀석은

서림이처럼 해해대지만 이까짓

산 구석에 처박혀 발버둥친들 무엇하랴.

비료값도 안 나오는 농사 따위야

아예 여편네에게나 맡겨 두고

쇠전을 거쳐 도수장 앞에 와 둘 때

우리는 점점 신명이 난다.

한 다리를 들고 날라리를 불거나

고갯짓을 하고 어깨를 흔들거나

_신경림, 『농무』

　첫 번째 예문은 뉴욕의 하늘에서 허드슨강, 리버사이드 차
도를 바라보는 것을 시작으로 하이라인 파크, 휘트니 미술관,

엘리베이터, 발코니, 의자 순으로 시선이 움직이고 있습니다. 새가 하늘에서 아래를 내려다보는 것처럼 장면 전체를 조망하다 점점 아래에 위치한 구체적 사물과 장면들을 클로즈업하는 방식의 버즈아이뷰(bird's-eye view), 조감도 기법으로 배경을 묘사하고 있습니다.

두 번째 예문은 가설무대-운동장-소주집-장거리-쇠전-도수장 등으로 시선이 옮겨 가고 있습니다. 명시적으로 나타나지 않았지만 시의 내용을 진술하는 어떤 인물, 즉 시적 화자의 동선을 따라가고 있습니다.

시간적 배경은 시간, 일월, 계절, 연도 등의 표현을 통해 독자가 스토리의 진행 방향을 이해하도록 하는 역할을 합니다. 해의 그림자를 통해 하루의 어느 때를, 날씨나 풍경 묘사를 통해 어느 계절을 표현합니다. 연대를 직접 표시하기도 하고 역사적 사건이나 인물을 활용해 그 연대를 암시하기도 합니다.

무명의 정치인 버락 오바마(Barack Obama)를 미국 대통령으로 만든 계기가 됐던 2004년 민주당 전당대회 기조연설은 아버지 버락 오바마 시니어의 역사를 시간순으로 압축해 들려 주는 것으로 시작하고 있습니다.

제 아버지는 케냐의 작은 마을에서 태어나고 자란 외국 유학생이었습니다. 아버지는 염소를 몰며 자랐고 양철 지붕 아래 판잣집 학교에 다녔습니다. 나의 친할아버지는 영국의 가사 노예로서 요리사였습니다. 하지만 할아버지는 자식에 대해 큰 꿈을 갖고 있었습니다. 열심히 일하고 인내해 아버지는 마법과 같은 나라 미국에서 장학금을 받아 공부할 수 있었습니다. 예전에 왔던 사람들에게 자유와 기회의 등불을 밝혔던 곳입니다.

시간적 배경을 표현하는 방법은 크게 두 가지가 있습니다. 일련의 사건들을 시간의 흐름에 따라 선형적으로 배열하는 방법과 시간의 흐름을 왜곡해 비선형적으로 배열하는 방법입니다. 아래의 첫 번째 예문은 시간의 순서에 따라 무하마드 알리(Muhammad Ali)의 소년 시절부터 사망에 이르기까지의 과정을 서술한 반면, 두 번째 예문은 가장 결정적 내용인 죽음의 순간부터 먼저 보여 주고 난 뒤 알리의 탄생에서 현역 복서 시절까지의 활약을 거슬러 이야기하고 있습니다.

1. 1954년 미국 켄터키주 루이빌시의 경찰서. 열두 살 흑인 소년이 자전거를 도둑맞은 데 분통을 터뜨리며 "한 방 먹여 주고 싶다"고 씩씩거렸다. 이 모습을 지켜보던 경찰관이 소년에게 "그러면 권투를 하라"라고 조언했다. 이 말을 계기로 소년은 권투에 입문하고 1960년 로마 올림픽에서 국가대표로 출전했다. 첫 올림픽에서 소년이 거둔 성적은 금메달. 권투의 전설로 꼽히는 무하마드 알리 얘

기다. (중략)

프로에 입문(1960년)하고 1970년까지 10년 동안 치른 32경기에서 모두 승리했다. 첫 패배는 1971년 라이벌 조 프레이저와 맞붙은 경기였다. 1981년 은퇴하기까지 프로 통산 61전, 56승, 5패. 이 기간에 당시 프로 복싱 양대 기구인 WBA(4회)와 WBC(2회) 헤비급 챔피언을 지냈다. 통산 타이틀 방어는 19차례 성공했다. (중략)

은퇴하고 3년이 지나 얻은 파킨슨병은 화려한 언변과 현란한 움직임을 앗아 갔다. 그럼에도 굴하지 않고 인종과 종교에 대한 차별과 맞서 싸우기를 이어 갔다. 파킨슨병 치료 재단을 설립해 같은 고통을 받는 이들을 위로했다. 1996년 미국 애틀랜타 올림픽 성화 점화자로 대중에 나타나 세계인에게 희망과 감동을 안겼다. 파킨슨병 증상이 심해서 손이 떨리고 발걸음은 더뎠지만 굳은 의지로 점화에 성공했다.

2016년 6월 3일 74세를 일기로 숨을 거뒀다. 파킨슨병 합병증이 사인이었다. 고인을 추모하는 물결에 세계에서 일었다. "알리는 GOAT(The Greatest of All Time)"(버락 오바마), "가장 훌륭한 복서가 아니라, 가장 위대한 사람"(조지 포먼)이라는 추도가 잇달았다.

**_전재욱, "나비처럼 날아서 벌처럼 쏘다 가다", 「이데일리」**

2. "나 때문에 울지 마라. 나는 곧 알라(신)와 함께할 거야. 나는 괜찮단다(I'm OK)."

전설의 복서는 죽음과의 싸움에서도 초연했다. 지난 3일(현지시간) 74세로 타계한 무하마드 알리가 마지막으로 남긴 말은 "괜찮다"였다. (중략)

알리는 울고 있는 가족을 위로하며 떠났고, 켄터키주 루이빌에 있는 그의 집 앞에는 수천 명이 몰려들어 애도했다.

30년 넘게 파킨슨병을 앓아 온 알리는 이날 애리조나주 피닉스의 병원에서 패혈증에 따른 쇼크로 숨을 거뒀다. 세계 헤비급 챔피언을 세 차례 거머쥔 20세기 최고의 복서이자 인종차별에 맞서 싸운 사회운동가인 알리의 타계 소식에 전 세계에서 추모 물결이 이어졌다. (중략)

1942년 루이빌에서 태어난 알리는 12세 때 아마추어 복서 생활을 시작했다. 1960년 로마올림픽에서 라이트헤비급 금메달을 딴 뒤 프로로 전향했다. 21년의 선수 생활 동안 총 61번 링에 올라 56번 이겼다. 37번은 KO승이었다. 1964년 소니 리스턴과의 경기를 앞두고 "나비처럼 날아서 벌처럼 쏘겠다"고 했던 말은 평생 그의 수식어가 됐다.

그를 세계의 영웅으로 만든 것은 링 밖에서의 싸움이었다. 흑백 분리와 인종차별이 여전하던 1960년, 알리는 방송 카메라 앞에서 "나는 세계 챔피언인데도 내가 들어갈 수 없는 이웃집들이 있다"고 거침없이 말했다. 4년 뒤 프로 헤비급 챔피언을 딴 그는 캐시어스 클레이라는 이름을 "백인들에게서 나온 노예의 이름"이라며 버렸다. 이슬람으로 개종하고, 무하마드 알리로 이름을 바꿨다.

_이윤정, "편견에 맞서… 나비처럼 날아 벌처럼 '세상을 쏘다'",
「경향신문」

시간의 흐름에 따른 선형적 배열과 시간의 흐름을 왜곡하는 비선형적 배열 가운데 어떤 글이 더 효과적으로 내용을 전달할 수 있는 전략일까요? 사실을 그대로 전달하는 측면에선 선형이 더 적절합니다. 그러나 독자 입장에서 봤을 때 선형은 지루하고 메시지가 무엇인지 파악하기가 쉽지 않습니다. 반면 비선형은 배열 순서를 뒤바꿔 놓아 사실과는 일정한 차이가 있겠지만 결정적 내용부터 보여 줌으로써 독자를 몰입시키고 메시지를 분명하게 전달하는 효과가 있습니다. 시간의 배열은 사건의 전개 방식인 스토리, 플롯과 밀접한 연관성을 갖고 있습니다.

## 플롯

영국의 소설가이자 이론가인 포스터(E. M. Forster)는 사건을 서술하는 방법을 스토리(story)와 플롯(plot)으로 구분해 설명합니다. 스토리는 우리말로 이야기라는 넓은 의미로 쓰이지만 더 좁혀 그 의미를 풀어 보면 단순한 시간적 순서에 따라 사건을 서술하는 것입니다. 고대소설, 전래동화, 우화 등에서 주로 나타나며 독자들은 글을 읽다가 자연스럽게 "그 다음엔?"이란 말을 떠올립니다.

플롯은 시간적 순서에 따라 사건을 서술하지 않고 사건과 사건 사이에 논리적 인과 관계를 부여합니다. 결과를 먼저 보여 주고 난 뒤 그 원인을 파헤쳐 가는 방식으로 사건을 전개해 가는 방식입니다. 현대소설, 드라마, 영화 등에서 주로 나타나며 독자들은 글을 읽다가 자연스럽게 "왜?"라는 질문을 떠올릴 수밖에 없습니다.

"왕이 죽자 왕비가 죽었다"라고 쓰면 스토리 방식입니다. 왕의 죽음과 왕비의 죽음을 시간 순서대로 썼을 뿐, 이것만으로는 두 죽음 사이의 인과 관계를 명시적으로 확인할 수 없습니다.

"왕이 죽자 왕비도 슬퍼서 죽었다"라고 쓰면 약한 플롯이 됩니다. 왕의 죽음과 왕비의 죽음 사이에 인과관계를 밝혔지만 이 역시 독자의 몰입감을 만들어 내기엔 한계가 있습니다. "왕비가 죽었다. 아무도 그 까닭을 몰랐다. 뒤늦게 왕비가 왕의 죽음에 슬퍼하다 죽었다는 사실이 밝혀졌다"라고 써야 강한 플롯이 됩니다.

저는 리드칼리지에 입학한 지 6개월 만에 자퇴했습니다. 그 후 1년

6개월 정도는 대학 주변에 머물며 청강을 하고 지내다가 결국 그만두 었습니다. 왜 제가 자퇴를 했을까요?

이야기는 제가 태어나기 전으로 거슬러 올라갑니다. 저의 친어머니는 대학원에 다니던 젊은 미혼모였고, 저를 입양 보내기로 결정했습니다. 친어머니는 저의 장래를 위해 반드시 대학을 나온 부모에게 입양 되길 바랐습니다.

그런 이유로 저는 태어나자마자 어느 변호사 가정에 입양되기로 정 해져 있었죠. 하지만 제가 태어났을 때, 그들은 여자 아이를 원한다고 마음을 바꾸었습니다. 그래서 대기자 명단에 있던 양부모님은 한밤중 에 걸려온 전화를 받게 됐습니다.

"예기치 못한 남자 아이가 태어났는데, 그 아이를 입양하시겠습니 까?"

"물론이죠."

그러나 양어머니는 대학을 졸업하지 못했고 양아버지는 고등학교조 차 졸업하지 못했다는 사실을 친어머니는 나중에 알게 됐죠. 그래서 친어머니는 최종 입양 서류에 사인을 거부했어요. 몇 달 후, 친어머니 는 양부모님으로부터 저를 대학까지 보내겠다고 약속을 받은 후에야 겨우 고집을 꺾었습니다. 이것이 제 인생의 시작이었습니다.

17년 후, 저는 대학에 입학했습니다. 그러나 저는 순진하게도 스탠퍼 드만큼이나 등록금이 비싼 학교를 선택했고, 노동자셨던 양부모님이 평생 동안 모아 두신 돈이 모두 제 학비로 들어갔습니다.

6개월 후, 대학 생활이 저에게 그만한 가치가 없다는 것을 느꼈습니다. 그 당시 저는 제가 인생에서 진정으로 원하는 게 무엇인지, 또 대학 생활이 그것을 알아내는 데 얼마나 도움이 될지 알 수 없었습니다. 그러면서 저는 대학에서 부모님이 평생 모아 둔 돈을 펑펑 쓰고 있었습니다.

저는 모든 일이 다 잘될 거라고 믿으며 자퇴를 결심했습니다. 그 당시 엔 몹시 두렵고 겁이 났지만, 돌이켜보면 제 인생 최고의 결정 중 하나였던 것 같습니다. 자퇴를 결정한 이후 평소에 흥미가 없었던 필수 과목을 듣는 대신 흥미로운 강의들을 찾아 듣기 시작했습니다.

_스티브 잡스, "항상 갈망하라, 우직하게 나아가라"

위의 예문은 스티브 잡스의 스탠퍼드대학 졸업식 축사 "항상 갈망하라 우직하게 나아가라"의 일부분입니다. 이 글은 자퇴-미혼모의 아들로 태어남-가난한 노동자 집안에 입양됨-대학 입학-자퇴의 순서로 사건이 전개되고 있습니다. 시간상 가장 나중에 벌어진 자퇴를 맨 앞에 보내는 플롯 방식을 취함으로써 독자의 흥미와 관심을 강력하게 이끌어 내고 있습니다.

스토리 방식으로 글을 쓰면 플롯 방식으로 쓸 때보다 상대적으로 쉽고 편합니다. 그러나 독자 입장에서는 지루하고 힘들게 마련입니다. 플롯 방식으로 글을 써야 독자에게 사랑받는 글이 될 수 있습니다. 처음부터 플롯 방식으로 글을 쓰는 것은 어려우므로 일단 스토리 방식으로 글을 쓴 다음 그 글에서 가장 결정적 내용을 찾아 맨 앞으로 보내고 나머지는 시작 부분의 궁금증을 해명하거나 부연하는 방식으로 고쳐 나가면 수월합니다.

나는 인간 아닌 존재가 쓰는 기호 언어를 딱 하나 안다. 인간이 그 기호 언어를 쓰는 생명체와 접촉한 사례도 딱 하나 안다. 그 존재의 천문학, 수학 지식은 대부분의 인간을 부끄럽게 만들 정도다. 그들이 내부의 차이를 민주적으로 해결하는 모습, 토론으로 최대한 광범위한 합의를 끌어내는 모습에는 어느 인간 사회도 필적하지 못한다. 그들은 기호 언어를 써서 각자 이동 중에 무엇을 발견했는지를 이야기 나눈다. 그들은 수천만 년 전에는 육식을 했지만 이후 채식주의자로 돌아섰다. 그 선택은 지구를 바꾸었고, 그 덕분에 그들이 가는 곳마다 뛰어난 아름다움이 탄생하게 되었다.

_앤 드루얀, 『코스모스 - 가능한 세계들』, 사이언스북스

글의 시작 부분에서 독자에게 결정적 내용을 공개하지 않고 궁금증과 호기심을 증폭시켜 몰입감을 높이는 퀴즈 방식의 플롯도 있습니다. 독자는 위와 같은 글을 읽으며 "그들이 도대체 누구일까" 하고 조바심을 낼 것입니다. 이렇게 독자의 몰입

도를 최대한 높인 다음 퀴즈의 정답을 아래와 같이 공개하면
몰입감은 극대화됩니다.

그 꽃가루 한 알이 식물에 앉아서 쉬던 말벌의 몸에 난 털끝에 점처
럼 들러붙었다. 말벌은 그 식물을 떠나서 다음에는 어디로 갈까 잠시
망설이다가 또 다른 백악기 식물의 암 생식 기관으로 다가가고, 대충
꽃 비슷하게 생긴 그 칙칙한 갈색과 초록색의 기관에 올라앉는다. 말
벌이 다시 그곳을 떠나려는데, 꽃가루가 털끝에서 까딱거리다가 공중
그네 곡예사처럼 훌쩍 날아오른다. 잠깐의 숨 막히는 순간, 꽃가루는
공중을 가른다. 꽃가루가 그리는 궤적은 새 생명의 탄생으로 이어질
수 있는 단 한 곳의 좁은 장소로 귀결될까? 수 생식 세포인 꽃가루는
버저가 울릴 때 던져진 3점 슛처럼 날아서 암그루의 발아점인 암술머
리 끝에 정확히 안착한다.

_앤 드루얀, 『코스모스 - 가능한 세계들』, 사이언스북스

## 스토리의 활용

스토리텔링은 업무 글쓰기에 효과적으로 활용됩니다. 스토
리텔링은 논리로만 이뤄진 글과 달리 인물의 감정과 경험을
공감하게 만듭니다. 또한 사건 경로를 따라가는 과정에서 즐
거움과 흥미를 느낄 수 있습니다. 스토리텔링은 추상적 메시

지를 구체화하고 실제 사례나 경험을 생생하게 전달함으로써 독자가 내용을 쉽게 수용할 수 있습니다. 특히 복잡한 개념이나 추상적 아이디어를 구체적 상황과 사례로 전달하기 때문에 쉽게 이해할 수 있습니다. 스토리텔링은 오랫동안 독자의 기억에 남을 뿐만 아니라 독자와 유대감과 공감까지 형성합니다.

패리스 힐튼은 왜 미생물 검사(마이크로바이옴) 회사에 투자하고 홍보대사가 됐을까요? 2010년대까지 헐리우드와 셀럽을 상징하던 패리스 힐튼은 이제 잊힌 존재가 된 듯합니다. 특히 그의 친구(라기보다는 추종자)였던 킴 카다시안이 그의 역할을 대신하고 유명세는 앞질렀을 때부터 그랬습니다.

그런 패리스 힐튼이 지난해 2월 미국 언론에 다시 떠들썩하게 얼굴을 내민 적이 있습니다. 바이옴(Viome)이라는 스타트업 기업에 직접 투자한 데 이어 홍보대사가 됐거든요. 이 회사는 당시 700억 원 이상을 투자받은 마이크로바이옴(microbiome) 분야의 신생 기업입니다. 마이크로바이옴은 흔히 우리말로 '미생물군'으로 번역되고, 요즘 우리 건강과 관련해 관심이 집중되고 있는 분야입니다. 요즘 자주 듣게 되는 프로바이오틱스(probiotics)는 균, 박테리아, 바이러스 같은 미생물군 가운데 몸에 유익한 것들을 뜻합니다. 이걸 활용한 식료·의약품이 급격히 늘고 있는 것이죠.

체내의 미생물들이 대부분 유해할 거란 당초의 고정관념이 깨진 후 마이크로바이옴에 대한 관심이 폭발하고 있습니다. 주로 내장에서 시작해 구강과 생식기까지, 서식하는 인체 범위도 넓어지고 있습니다. 입을 통해 검사하는 방식이 가장 간단합니다. 하지만 영국의 한 생리대 회사는 생식기 미생물군 검사까지 부가 서비스로 내놓고 있습니다. 진단 결과를 토대로 유해균은 줄이고, 유익균을 늘리는 나름의 처방들이 크게 늘고 있습니다. 미생물군 진단과 처방의 핵심은 패리스 힐튼 홍보대사가 말한 대로입니다.

"건강하게 살고, 더 젊어 보이고, 굉장한 피부 상태를 유지하는 것입니다."

그러자면 천리 길도 한 걸음부터. 난생처음 '미생물군 진단'부터 해야 합니다. 현재 이 검사는 174달러(약 20만 원). 더 구체적인 결과를 받아 볼 수 있는 뱅샐 미생물검사 공구를 확인해주세요!

_이여영 트레이지 대표, 인스타그램 홍보글


이 글은 패리스 힐튼을 잊고 있던 대중의 관심을 환기시키며 시작하고 있습니다. 독자들은 자연스럽게 "패리스 힐튼은 요새 뭐 하지?"라는 궁금증을 떠올릴 것입니다. 궁금증에 대한 답으로 '바이옴'이란 스타트업을 연결시키고 '미생물군 진단 공동구매'라는 목적지까지 독자를 쉽게 이끌고 옵니다.

"여자분이 신청한 건 처음인데, 괜찮겠어요?"

청혼의 벽 담당자의 걱정을 뒤로하고 프러포즈 대작전을 착착 준비했다. 드디어 화이트 데이. 우리가 도착하자 대형 스크린에서 춤추고 노래하는 내 모습이 흘러 나왔다. 이어진 나의 고백.

"마음 착하고 든든한 당신을 나의 평생 연인으로 임명합니다. 저의 왕자님이 되어 주세요……."

그 순간 내 손을 꼭 잡고 있던 남자 친구는 무릎을 꿇고 눈부시게 하얀 반지를 끼워 주었다. 그날, 내게 고백의 용기를 준 것은 청계천에 흘러넘치는 강한 사랑의 에너지 때문이 아니었을까. 이 행복한 도시 서울에서 또 어떤 이야기꽃이 피어날지 문득 궁금해진다.


위의 예문은 서울시가 청계천을 홍보하기 위해 작성한 광고글입니다. 글쓴이는 청혼의 벽에서 남자 친구에게 프러포즈를 합니다. '프러포즈 대작전'이란 말에서 암시하듯 깜짝 고백을 한 것입니다.

그런데 남자 친구는 마치 여자의 프러포즈를 예상이라도 한 것처럼 눈부시게 하얀 반지를 준비해 여자에게 끼워 줍니다. 글쓴이가 사전에 남자 친구에게 프러포즈 사실을 알렸거나, 아니면 남자 친구가 언젠가 있을 글쓴이의 프러포즈를 예상하고 반지를 늘 준비하고 다녔거나, 둘 중 하나가 아니라면 성립하기 어려운 상황입니다.

이 글은 개연성이 부족합니다. 개연성이란 꼭 단정할 수 없으나 대개 그러하리라고 생각되는 성질, 어떤 일이 일어날 수 있는 가능성을 가리키는 말입니다. 스토리텔링은 무엇보다 개연성이 분명해야 합니다.

스토리텔링을 억지스럽게 홍보에 활용하다 보면 개연성이 무너지는 사례가 종종 발생합니다. 아무리 전체적으로 스토리가 좋아도 이렇게 한 대목에서 개연성이 무너지면 글의 신뢰도와 몰입감도 함께 무너집니다.

문해력의 본질

# 구성

## 시작, 중간, 마무리

글은 한 채의 집과 같습니다. 집은 기초, 현관문, 벽, 창, 기둥, 지붕의 부분으로 구성돼 있습니다. 집을 제대로 지으려면 각 부분에 맞는 재료를 써야 합니다. 기와를 벽에 쓴다거나 유리창을 기초에 쓴다면 집 모양은 뒤죽박죽이 되고 언제 무너질지 모르는 불안한 건물이 될 겁니다.

글도 시작, 중간, 마무리 부분으로 구성돼 있습니다. 글을 제대로 읽고 쓰려면 시작, 중간, 마무리의 구성에 맞는 내용이 무엇인지 잘 알아야 합니다. 중간 부분이 시작에 온다거나 마무리가 중간에 간다면 갈팡질팡 혼란스럽고 아무리 읽어도 알

수 없는 글이 될 겁니다.

먼저 모든 글에 적용되는 시작, 중간, 마무리의 구성 원리를 설명하고 글의 내용 구조화 방식에 따라 나뉘는 서술식 구성과 개조식 구성을 각각 살펴보겠습니다.

모든 글은 시작, 중간, 마무리의 구성을 갖고 있습니다. 학교 다닐 때 국어 시간에 배운 구성 원리는 주로 세 가지입니다. 서론, 본론, 결론의 3단 구성, 기승전결의 4단 구성 그리고 발단, 전개, 위기, 절정, 결말의 5단 구성입니다.

대부분 글의 구성 원리를 배웠지만 안타깝게도 시험을 치를 때 써먹었을 뿐, 읽고 쓰는 문해력과 연결지어 활용하지는 않았습니다. 우리나라 사람들이 책을 읽고 글을 쓰는 데 큰 부담을 느끼는 가장 큰 이유는 구성 원리를 읽기와 쓰기에 적용하지 않아서입니다. 이제라도 구성 원리를 체득해 문해력, 작문력을 높여야겠습니다.

구성 원리는 3단, 4단, 5단으로 나뉘지만 하나의 구성 원리를 세 가지 버전으로 표현한 것입니다. 글은 서론, 기, 발단에서 먼저 시작해 결론, 결, 결말로 마무리를 해야 합니다. 그 중간 과정을 하나로 보느냐 둘이나 셋으로 나누느냐의 차이만 있습니다. 결국 모든 글은 시작, 중간, 마무리의 구성 원리에 따라 전개됩니다.

따라서 시작, 중간, 마무리의 특성과 역할을 알아야 각 단계에 맞는 내용을 골라 넣을 수 있습니다. 집을 지을 때 기초, 벽, 지붕의 특성과 역할을 알아야 자갈, 벽돌, 기와를 적소적재에 배치하는 것과 같은 원리입니다. 글을 읽을 때도 시작, 중간, 마무리의 특성을 알아야 파편이 아닌 전체의 전략과 의도를 알아챌 수 있습니다.

글의 시작은 낚시(fishing)와 같습니다. 독자의 관심과 흥미를 낚아채는 것이죠. 책이든 신문이든 제목이 독자의 시선을 끌어야 선택을 받습니다. 그것으로 끝나지 않습니다. 독자는 시작 부분을 읽으면서 계속 읽을지, 아니면 다른 글로 갈아탈지 망설입니다. 불과 30초 안에 독자는 판단합니다.

이때 어떤 글은 살아남고 어떤 글은 버림받습니다. 둘을 나누는 결정적 요소가 바로 글의 낚싯밥, 즉 임팩트(impact)입니다. 임팩트를 실용적인 관점에서 바라보면 독자에게 중요한 것이나 필요한 것입니다. 비실용적인 관점에서 살펴보면 독자에게 흥미로운 것이나 궁금한 것입니다. 독자를 사로잡는 무언가가 시작 부분에서 제시돼야만 독자는 글의 중간, 마무리까지 읽습니다.

글을 시작할 때는 앞으로 다룰 내용의 개요를 제시하거나 정의를 내리는 방법, 이야기와 인용을 통해 몰입도를 높이는 방법, 독자에게 질문을 던지거나 역설적 상황을 제시해 주의를 환기하는 방법 등을 활용합니다.

지금부터 제가 이 프로젝트를 수행한 과정을 세 가지 에피소드로 설명하겠습니다. **(개요)**

이 프로젝트는 한마디로 북극에서 에어컨을 파는 일로 정의할 수 있습니다. **(정의)**

이 프로젝트를 위해 2020년 가을 런던을 방문했을 때 코로나19로 도시는 깊은 정적에 사로잡혀 있었습니다. **(이야기)**

『내가 가진 것을 세상이 원하게 하라』라는 어느 카피라이터 출신 사업가의 책 제목처럼 저는 이 프로젝트의 전략을 짰습니다. **(인용)**

불가능해 보일 것 같은 상황에서 어떻게 이 프로젝트를 살려 냈는지 아십니까? **(질문)**

이 프로젝트는 이익을 남기려고 하지 않았을 때 가장 큰 이익을 남겼습니다. **(환기)**

글의 중간은 근거를 제시(reasoning)하는 단계입니다. 시작에서 독자의 관심과 흥미를 낚아챘다면 거기에 합당한 근거를 제시해야 합니다. 근거를 제대로 제시하지 못하거나 엉뚱한 내용을 올리면 그 글의 신뢰도와 설득력은 떨어질 수밖에 없습니다. 글의 대부분을 차지하는 근거를 제시하는 방법은 다양합니다. 글쓴이 자신의 경험을 이야기하면 진정성이 높아집니다. 사례나 에피소드를 들면 독자의 흥미를 유발합니다. 인용을 제시하면 글의 권위가 올라갑니다. 통계나 논리로 풀어 가면 신뢰도가 상승합니다.

예를 들어 신문 칼럼이나 에세이에서 중간은 대체로 서너 개의 내용 단락으로 구성됩니다. 특별한 전략 없이 내용 단락을 나열할 수도 있고 서로 비슷하거나 정반대되는 내용을 비교하거나 대조할 수 있습니다. 중요한 것이나 혹은 덜 중요한 것 순서대로 내용을 배치할 수도 있습니다. 어떤 이슈나 문제를 제시하고 그것을 설명하거나 해결하는 방식으로 배열할 수도 있습니다.

글의 마무리는 메시지(message)를 담고 있습니다. 글쓴이는 이제 읽기를 거의 마친 독자에게 생각의 변화, 행동의 변화를 줄 수 있는 무언가를 전달해야 합니다. 그것이 바로 메시지입니다. 문학 글쓰기에서는 메시지를 명시적으로 드러내지 않지만 실용 글쓰기에서는 반드시 메시지를 명시하는 것이 좋습니다. 예를 들어 마케팅 홍보문에는 명시적으로 이 상품을 구매하거나 이 서비스를 이용해 달라는 표현이 들어가야만 독자들이 구매 행동으로 이어집니다.

메시지를 전달하는 방법은 대략 다섯 가지로 나뉩니다. 해법과 대안은 마무리에서 해결책을 명료하게 제시하는 것입니다. 요구와 요청은 한발 더 나아가 독자에게 어떻게 판단하고 행동할지를 종용하는 것입니다. 의견과 의지는 직접적인 요구와 요청을 하지 않고 글쓴이의 생각을 전해 주면서 독자에게 판단의 과정을 남겨 두는 것입니다. 인용과 비유로 메시지를 대신하거나 질문과 반전으로 한발 더 진전된 생각을 열어 주기도 합니다. 문학 글쓰기는 대부분 여운으로 메시지를 남기거나 메시지 자체를 생략하는 경우가 많습니다.

> 이 프로젝트의 성공을 위한 유일한 길은 경영진이 직접 영국 회사의 경영진을 만나 담판을 짓는 것입니다. (**해법과 대안**)
> 이 프로젝트의 성공을 위해 경영진이 직접 영국 회사의 경영진을 만나 줄 것을 요청 드립니다. (**요구와 요청**)
> 이 프로젝트의 성공을 위해선 경영진이 직접 영국 회사의 경영진을 만나는 것이 유일한 해법이라고 생각합니다. (**의견과 의지**)
> 이 프로젝트의 성공을 위한 유일한 길은 유비가 제갈공명을 얻기 위해 삼고초려를 마다하지 않은 일화로부터 찾을 수 있습니다. (**인용과 비유**)
> 이 프로젝트의 성공을 위해 경영진이 직접 영국 회사의 경영진을 만나는 것 외에 다른 길이 있을까요? (**질문과 반전**)

이처럼 독자의 관심과 흥미를 낚아채는(fishing) 시작 단계, 근거를 제시(reasoning)하는 중간 단계, 메시지(message)를 던지는 마무리 단계를 의미하는 영어 단어 첫 글자를 따서 '피래미 구성법'이라고 부릅니다.

1. 전 세계 AI 분야의 최고 석학 스탠퍼드대학 페이페이 리 교수는 "미국의 연방정부 자금과 인센티브는 제2차 세계대전 이후 반세기가 넘는 동안 미국의 디지털 혁신을 이끈 엄청난 기폭제가 되었다. 혁신은 연방정부의 자금이 아니었다면 지금 이만큼 발전하지 못했을 것이다"라고 말했습니다.

2. 요즘 가장 큰 이슈로 떠오른 기술 혁신 관련해, 정부가 기술 혁신 기업 제품을 우선 구매하는 방안에 대한 보고입니다.

3. 첫째, 정부가 어떤 제품을 우선 구매하느냐가 산업 생태계에 큰 영향을 미칩니다. 공공구매로 새로운 기술과 서비스를 견인하는 효과를 거둘 수 있습니다.

4. 둘째, 정부의 정책 방향을 산업계와 국민에게 알릴 수 있는 메시지 역할을 합니다. 기술 혁신 기업을 중심으로 새로운 성장 동력을 만들겠다는 정부 의지를 확고히 보여 줄 수 있습니다.

5. 셋째, 이미 EU 등 선진국에서 정책을 추진하고 있으며, 큰 성과를 내고 있습니다. EU 회원국을 중심으로 공공구매 정책 활성화 EU PPI 가이던스가 추진되고 있습니다.

6. 범부처 관점에서 한국적 특성을 고려한 기술 혁신형 공공구매 체계 및 추진 전략을 마련하고 조속한 시일 내 시행에 들어가야 합니다.

1~2번이 이 글의 시작 단계입니다. 세계적 석학의 발언을 인용함으로써 앞으로 전개될 사안의 중요성을 강조하고 있습

니다. 3~5번이 근거 제시 단계입니다. 다양한 각도에서 기술 혁신을 위한 정부의 역할을 설득하고 있습니다. 6번이 메시지 단계입니다. 정부가 신속한 행동에 나설 것을 요청하고 있습니다.

## 서술식과 개조식

글은 내용을 구조화하는 방식에 따라 크게 서술식과 개조식으로 나뉩니다. 다음 예문을 통해 서술식과 개조식의 차이를 비교할 수 있습니다. 첫 번째 예문은 기사이고 두 번째 예문은 그 내용을 개조식으로 변형한 것입니다.

정부는 '설 민생대책'을 발표했다. 먼저 성수품 물가 관리에 부쩍 무게를 뒀다. 설을 앞두고 농축수산물 가격이 상승하게 되면 체감 경기가 악화할 것을 우려한 것이다. 13일부터 26일까지를 특별공급 기간으로 정했다. 이 기간에 정부, 농·수협·산림조합 등이 보유한 물량을 평소보다 최대 1.4배까지 더 공급한다. 품목별로 채소·과일은 평소보다 최대 170%, 수산물은 30%까지 더 공급한다.

성수품·선물세트 할인판매도 한다. 농·임협 특판장이나 직거래장터 등 모두 2446개소에서 진행된다. 골목형 슈퍼마켓인 나들가게 1천 곳에서도 19~23일 기간 동안 부침가루·식용유 등 명절용품을 최대

반값 할인한다. 인터넷 수협쇼핑 등 수산물 전문 쇼핑몰과 공용홈쇼핑 등 온라인 몰에서도 성수품 할인행사를 한다. 청탁금지법(일명 김영란법) 시행 뒤 첫 명절이란 점을 고려해 5만 원 이하 실속형 선물세트 출시를 유도하기로 했다. 실속형 선물세트는 주로 농협과 이마트·롯데마트·홈플러스 등 대형마트 3사에서 내놓을 예정이다.

14~30일까지는 '2017년 겨울 여행주간'으로 정했다. 전국 1천여 개 주요 문화·여행시설을 무료·할인 개방하거나 겨울축제와 연계한 프로그램을 선보인다. 설 연휴 때는 프로농구 일반석을 50% 할인하고 국립국악원·예술의전당·국립극장 공연도 20~50% 할인한다. 전국 박물관·미술관 80개소도 무료입장이나 관람료 할인을, 4대 고궁, 종묘, 국립생태원 등도 관람료를 50% 깎아 준다. 오션월드, 캐리비안베이 등 실내 워터파크도 최대 50% 할인행사를 하며 농촌체험휴양마을 50곳도 숙박 등을 20% 싸게 이용할 수 있다.

자금난을 겪는 중소기업이나 임금을 제때 못 받는 노동자를 위한 대책도 있다. 중소기업엔 대출 21조 2천억 원, 보증 9천억 원 등 모두 22조 원의 설 특별자금이 배정됐다. 전통시장 상인에겐 무담보·무보증으로 운영자금(미소금융)을 최대 1천만 원까지 빌려준다. 임금 체불을 줄이기 위해 사업주 단속이 강화된다. 상습·고액 체불 사업주는 적발되면 구속 수사를 하기로 했다. 임금을 떼인 노동자엔 최대 300만 원 한도 내에서 7일 이내에 정부가 지급(소액체당금)하기로 했다. 여기에 이런 노동자에겐 1천만 원 한도로 연 금리 2.5%의

대출도 지원한다.

_김경락, "설 연휴 프로농구 반값에 본다", 「한겨레」

서술식은 맥락을 따라 내용을 순차적으로 전개하는 방식입니다. 첫 문장에 이어 다음 문장이 나오고, 꼬리에 꼬리를 물면서 문장이 전개돼 마지막 문장까지 하나의 선으로 연결됩니다. 책, 신문, 블로그, SNS 등에서 볼 수 있는 가장 일반적인 글쓰기 방식입니다. 우리말로 줄글이라 부릅니다.

■ 설 민생대책

● 물가안정

— 정부, 농협 등이 보유한 성수품 물량 평소 대비 1.4배 공급

— 농협 등 특판장과 직거래장터, 홈쇼핑에서 성수품 할인행사

— 대형마트에 5만 원 이하 실속형 선물세트 출시 유도

● 여가 활성화

— 14~30일 겨울 여행 주간으로 지정, 전국 1천여 개 주요 여행, 문화 시설(박물관, 미술관) 무료 할인 개방

— 설 연휴 때 프로농구, 예술의 전당, 국립극장, 고궁, 국립생태원 등 20~50% 할인

─ 오션 월드, 캐리비안베이 50% 할인, 농촌체험휴양마을 숙박
　　　20% 할인

● **취약계층 지원**
　　─ 중소기업에 22조 원 설 특별자금 지원
　　─ 전통시장 상인에게 무담보 무보증으로 운영자금 최대 1천만 원
　　　대출
　　─ 떼인 임금 정부가 300만 원 한도 7일 이내 지급, 상습 고액체
　　　불 사업주 단속 강화


　　개조식은 글의 장르와 쓰임에 따라 외형적 논리의 틀을 설
정하고 거기에 맞게 내용을 입력하는 방식입니다. 기안서, 보
고서, 제안서 등을 쓸 때 개조식 구성을 활용합니다. 개조식은
대체로 개요, 추진배경, 현황, 문제점, 해결방안 등 목차가 있
고 내용을 덩어리로 나눠 목차에 맞게 분류합니다.

　　축구선수 11명이 축구를 할 때 각자 포지션에 따라 플레이
를 해 골을 넣는 것처럼 서술식이든 개조식이든 모두 포지션,
즉 목차가 있습니다. 서술식은 목차를 명시적으로 표현하지 않
고 목차별로 내용을 모으지 않습니다. 그러나 개조식은 목차를
명시적으로 드러내고 그 아래 내용을 모아서 표현합니다.

　　목차 안에선 논리의 위계를 따져 개별·구체적인 내용은 하

위로, 보편·추상적인 내용은 상위로 보내는 카테고리 방식을 따릅니다. 환경 문제에 관한 이슈를 예로 들면 이렇습니다.

1. 북극의 얼음이 녹아 북극곰이 살기 어렵다.

2. 바다에 온갖 플라스틱 쓰레기가 버려진다.

3. 늦가을에 미세먼지가 자주 나타난다.

4. 공장의 폐수로 강물이 오염된다.

5. 여름에도 자주 날씨가 서늘하다.

6. 중국에서 날아온 황사 때문에 숨이 막힌다.

7. 가을에도 게릴라성 폭우가 자주 쏟아진다.

8. 토양 오염으로 지하수에 중금속이 나온다.

9. 자동차 배기가스 때문에 숨쉬기가 답답하다.

구체적이고 개별적인 아홉 개의 이슈를 그냥 나열하는 것이 아니라 속성이 비슷한 것끼리 묶고 여기에 추상적이고 보편적인 키워드를 올립니다.

### 1. 이상기후
- 북극의 얼음이 녹아 북극곰이 살기 어렵다.
- 여름에도 자주 날씨가 서늘하다.
- 가을에도 게릴라성 폭우가 자주 쏟아진다.

## 2. 수질오염

- 바다에 온갖 플라스틱 쓰레기가 버려진다.
- 공장의 폐수로 강물이 오염된다.
- 토양 오염으로 지하수에 중금속이 나온다.

## 3. 대기오염

- 늦가을에 미세먼지가 자주 나타난다.
- 중국에서 날아온 황사 때문에 숨이 막힌다.
- 자동차 배기가스 때문에 숨쉬기가 답답하다.

논리의 위계를 표시하기 위해 아라비아 숫자, 로마자, 알파벳, ㅁ, ㅇ, ― 등의 부호를 문장 앞에 붙입니다. 영어권에선 이런 기호를 불릿(bullet)이라 부릅니다. 『스마트 브레비티』에서는 불릿을 자주 사용할 때의 효용성을 다음과 같이 설명하고 있습니다.

불릿은 중요한 사실이나 생각을 독자적으로 보여 주는 훌륭한 방법이다. 우리가 글을 훑어보며 눈에 띄는 것을 빠르게 찾아낼 때 어떻게 하는지 생각해보라. 불릿은 공간과 리듬을 만들며, 문장을 조각내고 눈에 띄게 만든다.
불릿의 황금률: 누구도 단어, 숫자의 덩어리를 쳐다보고 싶지 않다.

만약 세 개 이상의 서로 다른 데이터 또는 연관된 생각을 설명하고
싶다면 불릿으로 나눠라. 사람들은 잘 나뉜 불릿들을 훑어볼 것이다.

_짐 밴더하이 외, 『스마트 브레비티』, 생각의힘

한마디로 서술식은 맥락으로 내용을 전달하는 방식이고
개조식은 구조로 내용을 전달하는 방식입니다. 글의 장르와
필요에 맞게 서술식이나 개조식을 선택하면 됩니다.

# 역지사지

## 독자 중심, 결재권자 중심

말을 할 땐 듣는 사람이 바로 앞에 있거나 한 공간에 같이 있게 됩니다. 특별히 의식하지 않아도 듣는 사람, 즉 청자의 얼굴 표정과 눈빛, 대답을 신경 쓸 수밖에 없습니다. 청자의 반응에 따라 준비했던 말도 그 내용과 톤을 바꿉니다. 어떻게 하면 청자에게 정확하고 효율적으로 의사를 전달할지를 생각하면 자연스럽게 커스터마이징이 이뤄집니다.

하지만 글은 혼자 씁니다. 읽는 사람, 즉 독자의 얼굴을 보고 쓰는 것이 아니라 컴퓨터 모니터나 백지를 바라보며 고독하게 씁니다. 글쓰기는 말하기보다 더 어려워 한 글자, 한 문장을 쓰는 것도 정신을 집중하지 않으면 안 됩니다. 독자의 반응까지 고려하기엔 쉽지 않은 조건입니다.

글쓰기 경험이 많은 작가들도 간혹 독자의 존재를 잊어버리곤 합니다. 간혹 컴퓨터 모니터 위에 독자를 떠올릴 수 있는 사진을 붙여 놓고 글을 쓰는 사람도 있다고 합니다. 작가도 이런 마당에 글쓰기 경험이 많지 않은 일반인은 오죽할까요? 일반인은 글에 몰입할수록 '나 홀로 글쓰기'에 빠질 가능성이 큽니다.

업무 글쓰기는 더욱더 '나 홀로 글쓰기' 위험이 큽니다. 일반적 글쓰기는 특별한 배경지식이 없어도 상식의 수준에서 이해할 수 있어 '나 홀로 글쓰기'라고 해도 읽는 사람의 적극적 노력에 따라 어느 정도 유추가 가능합니다. 하지만 업무 글쓰기는 주로 전문적인 정보를 다룰 때가 많아 '나 홀로 글쓰기'를 하면 암호문이 될 수 있습니다.

더 나아가 독자를 배려하지 않는 업무 글쓰기로 뜻하지 않는 무례를 범할 수도 있습니다. 원활한 소통을 통해 긍정적 이미지와 평판을 만들어야 할 글쓰기가 오히려 불통과 부정적 이미지를 증폭하는 부작용을 초래하기도 합니다.

안녕하십니까? 본 설문에 응해주셔서 감사드립니다. R&D 연구개발비의 효율성 및 투명성 확보를 위하여 산재된 연구비통합관리시스템을 통합Ezbaro/통합RCMS로 이원화 통합하여 2019년에 개통, 현재까지 운영 중에 있습니다.

본 설문조사는 연구자의 연구환경을 파악하고 연구비통합관리시스템에 등록된 증명자료 연구기관 보관 의무 면제를 통한 연구 현장 종이 문서 최소화로 불필요한 행정 부담을 완화하고 거래명세서의 온라인 유통, 행정 시스템 연계, 시스템 고도화 개선을 통한 사용자 편의성 증대를 위한 연구비통합관리시스템의 발전 방향을 수립하는 데 활용할 예정입니다.

작성하신 모든 내용은 상기 목적이 아닌 다른 목적으로 사용되지 않습니다. 설문조사 응답에는 약 10분 정도 소요될 예정입니다. 감사합니다.


설문조사를 요청하는 어느 연구기관의 이메일 내용입니다. 10분이나 소요되는 설문조사에 응해달라는 요청도 없이 다짜고짜 "설문에 응해주셔서 감사드립니다"라는 인사부터 시작합니다. 이메일을 보낸 용건을 설명하지도 않고 이메일 수신자가 잘 알지도 못하는 연구비통합관리시스템의 경과와 설문조사 활용방안을 장황하게 언급합니다. "설문조사를 요청한다"는 용건은 이메일이 끝나도록 나타나지 않고 설문조사 소요 시간만 알린 채 마무리하고 있습니다.

이런 이메일을 받는다면 불쾌감을 느끼지 않을 수 없습니다. 이메일을 보낸 사람과 각별한 인연이 아니라면 1~2분 걸리는 설문조사에도 응답하기 쉽지 않은 것이 현실입니다. 하물며 5분 이상 걸리는 설문조사에도 일정한 보상을 제시하는 경우가 많습니다. 10분이나 소요되는 설문조사를 요청하면서 이렇게 부실한 이메일을 보내는 것은 독자에 대한 예의를 망각한 처사입니다.

보고서의 경우에도 '나 홀로 글쓰기'로 빚어지는 참사가 비일비재합니다. 보고서를 쓰는 사람은 주로 부하 직원이고 보고서를 읽는 사람은 주로 상사나 대표입니다. 상사나 대표는 자신보다 경험과 정보도 많고 안목도 높습니다. 상사나 대표가 부하인 자신을 헤아리는 것은 너무 지당한 일이지만, 그 반대의 경우는 언감생심입니다. 상사나 대표를 보고서의 독자로 생각하고 배려하기가 쉽지 않은 것이죠.

직장생활의 어려움 가운데 세 손가락 안에 꼽히는 것이 보고서 상신하고 상사에게 호출당하는 것입니다. 상사는 보고서를 손가락으로 가리키며 "이게 도대체 뭔 말입니까? 자세하게 설명 좀 해봐요"라면서 약간 화가 난 말투로 질문을 빙자한 타박을 합니다. 부하 직원은 당황해서 우물쭈물 변명 같은 설명을 늘어놓고 상사는 한참 이야기를 들은 뒤 그제야 이해됐다는 표정을 지으며 이렇게 다시 지청구합니다. "아니, 그러면 그 내용을 보고서에 집어넣어야지, 왜 그건 쏙 빼서 사람을 힘들게 만듭니까?"

심한 경우엔 "학교에서 도대체 무엇을 배웠기에 보고서를 이것밖에 못 쓰냐?", "전에 있던 팀에서도 이런 식으로 보고서를 썼느냐?" 같은 온갖 융단 폭격이 쏟아집니다. 이런 일을 겪고 나면 직장인으로서의 자존심이 땅 밑으로 푹 꺼지는 느낌이 들어 당장이라도 사표를 던지고 싶어집니다.

부하 직원은 특별히 까칠하고 괴팍한 상사를 만나 벌어진 불운이라 생각할 수 있습니다. 그러나 그렇게 생각하면 불운은 멈추지 않고 되풀이됩니다. 근본 원인을 찾아 해결책을 도모하는 것이 현명한 일입니다.

부하 직원 역시 불성실하거나 태만해 실수나 고의로 보고 내용을 누락한 것은 아닐 겁니다. 다만 자신이 아는 정보를 상사나 대표도 다 알고 있을 것으로 착각한 것이 화근입니다. 상사가 어느 정도 배경지식을 갖고 있는지 전혀 헤아리지 않고 자신이 알고 있는 수준에서 보고서나 이메일을 쓰고 상사에게 보냈기 때문에 벌어진 일입니다.

글을 쓰는 사람은 읽는 사람보다 글 속에 담긴 정보를 훨씬 더 많이 알고 있습니다. 정보의 비대칭 속에서 필자와 독자로 관계를 맺습니다. 업무적 소통은 다른 그것에 비해 정보의 비대칭 정도가 더욱 심각합니다. 보고자는 보고 내용을 아주 소상하게 알고 맥락까지 파악하는 반면 피보고자, 즉 결재권자는 보고자보다 정보가 부족하며 맥락에 대한 이해도가 떨어집니다.

보고할 때 글을 쓰는 사람인 보고자가 아니라 글을 읽는 사람인 피보고자의 입장에서 내용과 형식을 선택해야 하는 이유가 여기에 있습니다. 독자, 피보고자, 결재권자 중심으로 정보의 양, 표현의 수위를 결정해야 합니다. 어디까지 써야 결재권자가 이 내용을 쉽고 정확하게 파악할 수 있는지 그 지점을 잘 찾아내야 합니다.

처음엔 결재권자의 정보 수준과 커뮤니케이션 스타일을 알지 못해 시행착오에 빠질 수 있겠지만 몇 번 겪다 보면 적절한 지점을 만나게 됩니다. "나는 다 썼는데 팀장님이 제대로 읽지 않았어", "원래 난 이런 스타일로 글을 써"라고 생각하는 자기중심적 글쓰기에 사로잡히지 않고 "팀장님이라면 어떻게 받아들일까"라는 역지사지의 마음을 가진다면 소통의 과정을 통해 카타르시스를 느끼는 기쁨도 맛볼 수 있습니다. 앞서 이야기한 '지식의 저주'를 벗어나야 독자 중심, 결재권자 중심의 글쓰기가 가능합니다.

## 집단지성

불교 용어에 '바보 셋, 문수 지혜'라는 말이 있습니다. 문수는 불교에서 지혜를 상징하는 문수보살을 가리킵니다. 바보라도 셋이 모여 머리를 맞대면 문수보살보다 더 나은 지혜를 얻을 수 있다는 뜻입니다.

머리를 맞대는 행위는 단순히 세 사람의 생각과 아이디어를 양적으로 합산하는 일이 아닙니다. 세 사람의 생각과 아이디어에 질적, 화학적 결합이 일어나야 '문수 지혜'가 가능합니다. 이질적인 생각과 아이디어를 화학적으로 결합하는 촉매는 무엇일까요? 그것은 바로 역지사지와 경청의 대화입니다.

진정한 의미의 대화란 '나의 옳음'을 잠시 유보하고 '타인의 옳음'에 대해 숙고하는 과정이다. 카렌 암스트롱(Karen Armstrong)은 그의 책 『카렌 암스트롱, 자비를 말하다』(권혁 역, 돌을새김)에서 소크라테스의 대화법을 다음과 같이 소개하고 있다.

"대화는 상호 간의 명상이며 친절과 자비로운 태도로 이루어져야 한다. 선한 믿음과 악의 없는 태도로 질문과 답변이 교환되어야 하며 다른 사람을 위한 공간을 마련해야 하며 다른 사람의 생각에 주의 깊게 공감적으로 경청하고 자신의 확신이 흔들리는 것을 경험해야 한다."

"다른 사람을 위한 공간"을 마련한다는 것은 곧 나를 내려놓고 상대방의 이야기에 귀를 기울이는 태도를 말한다. 이러한 가운데 "자신의 확신이 흔들리는 경험"이 대화의 본질이다. 개인적 대화에서만이 아니다. 회의와 같은 공적 대화에 있어서도 이러한 대화의 원칙은 마찬가지다.

조직 내에서의 회의란 해결을 위한 중지(衆智)를 모으는 과정이다. 즉, '여러 사람'의 지혜를 모으기 위한 것이다. 요즘의 대중지성에 해당되는 말이다.

**_조성택, "정견(正見)의 일상적 실천", 「법보신문」**

역지사지 능력을 가진 사람이야말로 모든 분야에서 그 탁월함을 발휘하게 됩니다. 한 가지 생각실험을 해보겠습니다.

세 명의 죄수 A, B, C가 있습니다. 간수는 죄수들의 눈을 가린 후 모두 흰 모자를 씌우고는 이렇게 말했습니다.

"너희들에게 흰 모자 혹은 검은 모자를 씌웠다. 그중 최소한 한 명은 흰 모자를 쓰고 있다. 자신이 쓴 모자의 색깔을 처음으로 맞추는 사람은 풀어 줄 것이다. 색깔을 맞추지 못하거나 늦게 맞추면 죽는다. 자 이제부터 자신의 모자 색깔을 맞추어라."

죄수들은 말을 할 수도 없고 자신의 모자 색깔도 모른 채 오직 다른 죄수들의 모자만 볼 수 있는 상태입니다. 그렇게 멀뚱멀뚱 서로 쳐다보다가 30분 정도 지났습니다. 이윽고 죄수 A가 일어나 자신의 모자가 흰색이란 사실을 맞췄습니다. 과연 죄수 A는 어떻게 자신의 모자

색깔을 맞추었을까요?

죄수의 A의 입장이 돼 유추해 보겠습니다.


### 1) A의 생각

'내가 검은 모자를 쓰고 있다고 가정하고 B의 입장이 되어 보자.'

### 2) B의 입장

'A가 검은 모자이고 C는 흰 모자다. 내가 검은 모자이든 흰 모자이

든 상관없지만 검은 모자라고 가정하고 C의 입장이 되어 보자.'

### 3) C의 입장

'두 사람 다 검은 모자네. 그럼 나는 흰 모자구나.'

### 4) 돌아온 B의 입장

'내가 검은 모자라면 C는 3)처럼 당장 흰 모자임을 알 수 있다. 그

런데 맞추지 못하고 있다. 그렇다면 나는 흰 모자다.'

### 5) 돌아온 A의 입장

'내가 검은 모자라면 B는 3)에 의해서 4)처럼 생각할 것이고 본인

이 흰 모자임을 알 수 있다. 하지만 B는 30분이 되도록 맞추지 못

하고 있다. 그것은 내가 검은 모자가 아니기 때문이다. 결국 나는

흰 모자다.'


결국 역지사지 능력이 가장 탁월한 A만이 정답을 맞추고

살아남을 수 있었습니다. 이 생각실험 사례에서 보듯 역지사

지는 윤리와 관용의 차원에만 머무는 것이 아니라 이 시대를 살아가는 필수 경쟁력이란 점을 확인할 수 있습니다.

## 젠더, 노동, 인종, 세대

「동아비즈니스리뷰」에 실린 어느 회사 이야기입니다. 새로 발령 난 팀원 가운데 한 사람이 5시 20분만 되면 자리에서 사라지는 것을 팀장이 보고 의아하게 생각해 그 이유를 물었습니다. 팀원은 "저녁 6시 퇴근 이후 통근버스를 타고 집에 귀가하면 저녁 8시가 넘어서야 저녁을 먹게 됩니다. 그래서 5시 20분 구내식당에서 미리 저녁을 먹습니다"라고 답을 했습니다.

팀장은 너무 당당하게 말하는 팀원 때문에 기가 막혀 "일과 시간에 밥을 먹으러 가면 안 된다"라고 주의를 줬지만 팀원은 "알겠습니다"라고 대답만 하고 구내식당 저녁 식사를 멈추지 않았습니다. 다시 한번 주의를 주자 팀원은 "팀장님 담배 피우러 자리 비우는 시간 다 합치면 몇십 분이 될 텐데, 그건 업무 시간 아닌가요? 전 화장실 가는 것 빼고는 하루 종일 업무에 집중하는데, 담배 피우는 시간 대신 저녁 먹는 것이 무엇이 그렇게 큰 문제인가요?"라고 항변을 했다고 합니다.

이 에피소드는 우리 시대 시니어와 주니어 사이 직장 내 소통의 단면을 여실히 보여 주는 풍속도입니다. 예전에 어울

렁더울렁, 좋게좋게 넘어가던 일도 일일이 따지고 좌고우면하지 않으면 큰 동티가 나거나 꼬여 버린 문제를 쉽게 풀 수 없습니다. 팀장은 익숙한 상명하복 문화로 훈계를 하려 했지만 세대 가치가 전혀 다른 팀원에겐 씨알도 먹히지 않았습니다. 특히 문해력과 소통의 관점에서 세대뿐만 아니라 젠더, 노동, 인종은 아주 예민하고 신중하게 역지사지가 이뤄져야 할 영역입니다.

무심코 내뱉은 말이 젠더 이슈가 되는 사례를 자주 만납니다. 온라인엔 어느 회사 사장님이 여직원에게 던진 말 때문에 성차별로 지탄받았다는 글이 올라왔습니다. "○○씨, 여자치고는 일 잘해. 어떡하려고 그래, 남자를 빨리 만나야 돼. 걱정 안 돼? 왜 결혼을 못 했지? 남자 친구가 생기면 더 재밌는 인생일 텐데."

「경향신문」엔 올림픽 스포츠 중계에서 아나운서와 해설위원들이 성차별 발언을 무분별하게 내뱉고 있다며 비판 기사가 실렸습니다.

지난 6일 SBS는 여자 유도 48킬로그램 16강 경기를 중계하던 중 정보경 선수의 상대인 베트남 반 응옥 투 선수를 소개하며 "나이가 숫자에 불과하다고 하지만 스물여덟이면 여자 나이론 많은 거거든요"라고 선수의 나이를 거론했다. 같은 날 여자 유도 48킬로그램급 8강

경기에선 한국 선수와 맞붙은 세계 랭킹 1위 몽골 우란체제크 문크바트 선수에게 "보기엔 '야들야들'한데 상당히 경기를 억세게 치르는 선수"란 표현을 사용했다.

공영방송인 KBS의 중계도 마찬가지다. 6일 KBS 최승돈 아나운서는 여자 펜싱 에페 8강 경기에서 환한 미소와 함께 경기장에 입장하는 최인정 선수를 보며 "저렇게 웃으니 미인대회에 출전한 선수 같네요"라고 발언했으며, 이탈리아 피아밍고 선수의 독특한 약력을 소개하며 "서양의 양갓집 규수 같은 선수"라고 설명했다.(중략)

KBS는 또 7일 비치발리볼 여자 예선 B조 1경기 도입부에서 "리우데자네이루 해변 하면 브라질 미녀들이 비키니를 입고 있는 모습(이 떠오른다)" "비치발리볼, 얘기만 들어도 좋네요"라는 발언을 내보내기도 했다. SBS는 8일 수영 여자 배영 100미터 예선 1조 경기에선 1위를 차지한 13세 네팔 선수 싱에게 노민상 해설위원이 "박수 받을 만하죠, 얼굴도 예쁘게 생겨가지고"라며 외모를 평가하는 중계를 해 구설에 오르기도 했다.

_김지원, "올림픽 중계 '성차별 발언' 난무… 시청자 '어이가 없네'",
「경향신문」

2017년 어느 국회의원은 민주노총 총파업에 참여한 학교 비정규직 급식노동자들을 놓고 "아무것도 아니다. 그냥 급식소에서 밥하는 아줌마들. 솔직히 조리사라는 게 별 게 아니다.

그냥 동네 아줌마들이다. 옛날 같으면 그냥 조금만 교육시켜서 시키면 되는 거다. 밥하는 아줌마가 왜 정규직화가 돼야 하는 거냐?"라고 발언해 물의를 빚었습니다. 밥 짓는 노동을 한가한 소일거리 정도로 폄하하고 나아가 노동을 천시하는 인식이 사고의 밑바닥에 깔려 있지 않으면 나올 수 없는 발언이었습니다.

> "베트남 애들 10명 중의 1명은 뽕을 합니다. 김해 같은 경우는 외국인들이 우리나라에서 제일 많이 들어와 있어요. 경찰서에서는 관리가 안 돼요, 외국 사람들은. 특히 베트남 애들, 경찰들도 손을 놓고 있어요. 거제 옥포하고, 저쪽에 가보니까 외국인들 4~5명이 슬리퍼 신고…, 걔들이 4~5명씩 모여 다니면서 침 뱉고 슬리퍼 끌고 시내 다니면 우리 관광 이미지는 어떻게 되겠습니까?"
> "용접할 자리는 안 하고 엉뚱한 데 하고 이런답니다. 관리가 안 돼요. 반에 15명이라면 일하는 사람은 두세 명밖에 안 돼요. 게으로고 한데… 나중에 세를 불릴 수도 있습니다. 예를 들면 자기들끼리 노조를 만들어서 일 안 할 수도 있어요."

경남 거제시의 한 시의원은 7천 명에 이르는 지역 외국인 노동자의 노동환경 개선을 위한 조례안 심사 자리에서 이런 발언을 쏟아 냈습니다. 외국인 혐오와 노동 혐오가 겹친 결과였습니다.

2023년 서울지방고용노동청 실업급여 담당자가 '실업급여 제도 개선' 공청회에서 한 발언은 여성 및 노동에 대한 공공의 편견과 혐오가 얼마나 뿌리 깊은 것인지 보여 주고 있습니다.

"저희 고용보험이 생긴 목적에 맞는, 그런 남자분들 같은 경우 정말 장기적으로 갑자기, 그런 분들은 어두운 표정으로 오시는데 여자분들, 계약기간 만료, 젊은 청년들은 이 기회에 쉬겠다고 옵니다. 그다음에 실업급여를 받는 도중에 해외여행 가요. 그리고 자기 돈으로 내가 일했었을 때 살 수 없었던 샤넬 선글라스를 사든지, 옷을 사든지 이런 식으로 즐기고 있습니다."

문해력의 본질

# 문해력 날개 달기

## 어휘력

글의 최소 단위는 단어입니다. 적절하게 단어를 구사하는 능력을 어휘력이라 합니다. 어휘력이 높아야 텍스트를 제대로 이해할 수 있고 말과 글을 통한 효과적인 의사 전달이 가능해집니다. 어휘력은 문해력의 필요조건입니다. 어휘력이 부족한데 문해력이 높은 것은 거북이 등에 털이 나는 것처럼 불가능한 일입니다.

어휘력은 그 사람의 얼굴입니다. 어떤 단어를 어떻게 사용하느냐에 따라 상대방은 그 사람의 지적 수준과 문화적 배경을 가늠합니다. 어휘력이 높은 사람의 말과 글은 센스 있어 보이고 매력이 넘칩니다. 특히 직장생활에서 정확하고 풍부한 어휘력을 갖는 것이 무엇보다 중요합니다. 정확하고 풍부한 어휘력을 갖기 위해 몇 가지 유의할 점을 살펴보겠습니다.

첫째, 글에선 특별한 단어보다 익숙하고 친숙한 일상어를 쓰는 것이 좋습니다. 특히 현대인이 잘 사용하지 않는 어려운 한자어 대신 지금 우리가 쓰는 자연스러운 우리말을 사용하면 뜻이 쉽고 빠르게 통합니다.

— 회사는 생산성을 제고하기 위한 방법의 일환으로 익일부터 책임 할당제를 실시한다.
— 회사는 생산성을 높이기 위한 방법의 하나로 내일부터 각자 자신이 책임을 지는 제도를 실시한다.

둘째, 불가피한 경우를 제외하고 외래어 사용을 절제해야 하며 외래어 약어는 처음에는 우리말로 뜻을 밝혀줍니다.

— 이머징 마켓의 포텐셜에 대한 기대감으로 글로벌 증시가 폭등하고 있다.
— 신흥 시장의 잠재력에 대한 기대감으로 세계 증시가 폭등하고 있다.

— 이번 행사엔 GAP 인증 생산자 단체, GAP 인증 농산물 유통 급
식업체, HACCP 인증 식품업체가 참여한다.

— 이번 행사엔 농산물우수관리(GAP) 인증 생산자 단체, GAP 인
증 농산물 유통 급식업체, 식품안전관리인증기준(HACCP) 인증
식품업체가 참여한다.


셋째, 최대한 단어를 간결하고 압축하게 만듭니다. '하여',
'되어'를 '해', '돼'로 '~지 않을 수 없다'를 '~이다'로 줄여서 표
현하고 '대해', '있는', '같은', '의한', '~적', '~의', '~것이다',
'을', '를', '이', '가'도 뺄 수 있으면 뺍니다. 아일랜드의 소설가
조지 오웰은 "짧은 단어를 쓸 수 있을 땐 절대 긴 단어를 쓰지
않는다. 빼도 지장이 없는 단어가 있을 경우 반드시 뺀다"라고
했습니다.


— 컨설팅 기관의 진단에 대해 선뜻 동의할 수 없다.
— 컨설팅 기관의 진단에 선뜻 동의할 수 없다.


— 항구에 자리 잡고 있는 항만물류 시스템
— 항구에 자리 잡은 항만물류 시스템


— 미국 같은 경우에는 시스템에 의한 행정이 잘 정착돼 있다.

— 미국은 시스템 행정이 잘 정착돼 있다.

넷째, 빼도 무방한 접속어는 모두 생략합니다. 아래 예문은 접속어를 모두 제거하자 더 자연스러운 문장이 됐습니다. 노무현 전 대통령은 "접속사를 꼭 넣어야 된다고 생각하지 말게. 없어도 사람들은 전체 흐름으로 이해하네"라고 설파했습니다.

— 그 고객은 그 제품을 살 수 있는 능력이 없었다. 그런데 그 제품이 탐이 나 일단 온라인 구매를 했다. 그리고 몇 번 사용하다 엉뚱한 이유를 들어 클레임을 제기했다. 그러므로 이런 블랙 컨슈머(black consumer)들의 행위를 막을 수 있는 효과적 대응책이 빨리 마련돼야 한다.

— 그 고객은 그 제품을 살 수 있는 능력이 없었다. 그 제품이 탐이 나 일단 온라인 구매를 했다. 몇 번 사용하다 엉뚱한 이유를 들어 클레임을 제기했다. 이런 블랙 컨슈머(black consumer)들의 행위를 막을 수 있는 효과적 대응책이 빨리 마련돼야 한다.

다섯째, '워낙', '너무', '정말' 등 정도를 나타내는 수식어는 최대한 절제합니다. 소설가 스티븐 킹(Stephen King)은 『유혹하는 글쓰기』에서 "지옥으로 가는 길은 수많은 부사들로 뒤덮여 있다"고 말했습니다. 마크 트웨인(Mark Twain)은

"글에서 '매우', '무척' 등의 단어만 빼면 좋은 글이 완성된다"고 했습니다.

여섯째, 핵심 키워드를 도드라지게 표현합니다. 독자는 글을 핵심 키워드로 읽고 핵심 키워드로 기억합니다. 예를 들어 바닥에 무작위의 물건을 수북하게 쌓아 놓았다고 가정합시다. 바구니 세 개를 주고 정리하라고 하면 무엇부터 정리할지 몰라 당황스럽습니다. 그런데 바구니에 꼬리표가 달려 있습니다. 장난감, 화장품, 문방구. 그러면 금방 정리할 수 있습니다.

바구니에 달린 꼬리표가 바로 핵심 키워드입니다. 보고서에서 문장의 맨 앞에 괄호를 치고 그 안에 핵심 키워드를 넣거나 보도자료에서 핵심 키워드를 굵은 글씨로 처리하거나 밑줄을 그어 강조하는 것은 독자가 전체 내용을 다 읽기 전에 키워드부터 입력시키려는 것입니다. 키워드가 독자의 머릿속에 진열장을 만들어 글의 내용을 정리하는 역할을 합니다.

어휘력을 높이는 빠른 방법은 칼럼이나 신간을 읽는 것입니다. 칼럼과 신간은 당대의 트렌드를 반영하기 때문에 가장 새롭고 앞서 나가는 단어들이 쓰이게 됩니다. 새로운 단어들을 발견할 때는 꼭 그 뜻을 찾아봅시다.

포털사이트에 들어가면 온라인 사전이 있습니다. 책으로 만든 국어사전은 새로운 언어를 실시간으로 담아내기엔 한계가 있습니다. 학문적 여과 과정을 거치기 때문에 살아 움직이는 언어 현실과는 일정한 괴리가 나타납니다. 온라인 사전엔 유의어 반의어도 제공돼 더 풍부하게 어휘력을 늘릴 수 있습니다. 검색을 통해 단어의 쓰임, 관용구까지 확인한다면 금상첨화입니다.

## 문장력

문장은 주어, 목적어, 보어, 서술어를 기본 성분으로 하고 형용사나 부사 등 수식어가 기본 성분을 꾸미는 구조로 돼 있습니다. 문장력을 길러야 복잡하고 긴 글을 이해하고 소화할 수 있으며 말과 글을 통해 상대방이 받아들이기 쉽게 표현할 수 있습니다. 정확한 문장을 사용하기 위해 몇 가지 유의할 점이 있습니다.

첫째, 문장의 길이가 너무 길지 않아야 합니다. 한 문장의 길이가 두 줄을 넘기면 독자는 한 호흡에 그 문장을 소화할 수 없습니다. 읽고 또 읽어야 합니다. 업무 글쓰기의 경우 내용과 별개로 문장이 너무 길어 가독성이 떨어지면 결재권자에게 부정적 평가를 받게 됩니다.

정확한 문장을 위해서도 긴 문장보다 짧은 문장이 유리합니다. 문장에서는 주어와 서술어가 가장 중요합니다. 모든 문장에 들어가는 공통 성분이자 문장의 최소 요건입니다. 영어에선 서술어라고 하지 않고 동사라고 합니다. 영어는 1~5형식 모두 주어와 동사가 들어갑니다.

영어는 주어와 동사의 거리가 가장 가깝습니다. 문장이 길어도 주어와 동사의 호응이 엇갈릴 위험이 적습니다. 하지만 국어는 주어와 서술어의 거리가 가장 멉니다. 문장이 길어질수록 주어와 서술어의 거리가 점점 벌어집니다. 주어와 서술어의 호응이 어긋날 가능성이 높습니다.

둘째, 가급적 능동문을 씁니다. 스티븐 킹은 『유혹하는 글쓰기』에서 "수동태로 쓴 문장을 두 페이지쯤 읽고 나면 ─ 이를테면 형편없는 소설이나 사무적인 서류 따위 ─ 나는 비명을 지르고 싶은 충동을 느낀다. 수동태는 나약하고 우회적일 뿐 아니라 종종 괴롭기까지 하다"라고 적었습니다. 조지 오웰도 "능동태를 쓸 수 있는데도 수동태를 쓰는 경우는 절대 없도록 한다"라고 강조하고 있습니다.

수동문은 주어가 관념어, 추상어, 무생물 등 정적인 단어일 때 주로 생깁니다. 주어를 사람, 생물 등 동적인 단어로 바꾸면 능동문이 됩니다.

— 앞으로 회사의 마케팅 패러다임이 <u>바뀌어야</u> 한다.
— CEO의 경영방침이 외부기관 컨설팅에 의해 <u>좌우된다</u>.
— 서울역 광장이 노숙자의 잠자리가 <u>됐다</u>.

— 앞으로 회사는 마케팅 패러다임을 바꿔야 한다.

— CEO는 외부기관 컨설팅에 따라 경영방침을 결정한다.

— 노숙자가 서울역 광장을 자신들의 잠자리로 만들었다.


실질적 주어가 없는 경우에도 수동문이 올 가능성이 높습니다. 언론 기사에 이런 문장이 자주 등장합니다. 최근엔 업무 글쓰기에도 그 영향이 나타나고 있습니다. 아래 글은 전망하고, 밝히고, 알리는 주체가 나타나지 않습니다. 아무런 책임도 지지 않는 글입니다.


— 이런 추세라면 내년 상반기 성장률은 3%를 밑돌 것으로 <u>전망 된다</u>.

— 입찰 서류에 하자가 발생한 기종은 일본산 수입품인 것으로 <u>밝 혀졌다</u>.

— 그 회사는 우리 회사의 주력 분야와 경쟁하기로 최근 결정했다 고 <u>알려졌다</u>.


이중으로 수동문을 쓰는 경우도 나타납니다. 수동문을 만드는 '되어', '지'가 중첩돼 쓰였는데 '지'를 생략하거나 능동문으로 바꿔야 합니다.

— 올해 우리 회사의 인력은 동결 상태로 조절<u>되어져야</u> 한다.

— 우리 회사 제품에 대한 비난 장면이 TV에서 연출<u>되어지고</u> 있다.


— 올해 우리 회사는 인력을 동결 상태로 조절해야 한다.

— TV는 우리 회사 제품에 대한 비난 장면을 연출하고 있다.


셋째, 내용의 중복을 피합니다. 한 문장 속에 같은 단어가 오지 않도록 해야 합니다. 뜻이 비슷한 표현을 겹쳐 쓰면 문장이 번잡해집니다. 프랑스의 철학자 미셸 드 몽테뉴(Michel de Montaigne)는 "싫증 나는 문장보다 배고픈 문장을 써라"라고 말했습니다.


— 코로나19에 대한 <u>공포감</u>으로 친구를 만나는 것도 <u>두렵</u>다.

— 그 <u>보고서</u>는 21세기 경영의 패러다임을 바꾸는 <u>리포트</u>다.

— 간단히 줄여서 말하자면, AI <u>시대</u>는 텍스트의 역할이 더 중시되는 <u>시대</u>라고 <u>요약</u>할 수 있다.


— 코로나19 때문에 친구 만나는 것도 두렵다.

— 그 보고서는 21세기 경영의 패러다임을 바꾸고 있다.

— AI 시대는 텍스트의 역할이 더 중시된다고 줄여 말할 수 있다.

좋은 글은 한 문장마다 내용이 한발 한발 앞으로 나아가야 합니다. 트레드밀에 올라탄 것처럼 제자리를 맴돌아선 곤란합니다. 조깅을 할 때처럼 탁탁탁 한 걸음씩 정속으로 내딛는 느낌이 들면 문장에 담긴 내용이 리듬감 있게 독자에게 전달될 것입니다. 지나치게 친절한 문장보다 독자가 어느 정도 노력을 들이면 이해할 수 있는 징검다리 같은 문장이 좋습니다.

문장을 퇴고할 때는 소리 내어 읽어봅니다. 입 안에서 어색한 느낌이 들거나 탁 걸리면 비문이거나 맞춤법이 틀렸을 가능성이 높습니다. 글을 쓴 뒤 하루나 이틀 정도 시간이 지난 다음 퇴고를 해야 문장의 오류가 잘 보입니다. 컴퓨터 모니터보다 출력물이 낫습니다. 처음엔 전체 구성과 흐름을 훑어보고 다음엔 문장과 표현을 살펴봅니다. 가까운 사람에게 퇴고를 부탁하면 더 좋습니다. 다른 사람이 훨씬 더 객관적으로 평가하고 대안을 제시할 수 있기 때문입니다.

헤밍웨이는 "모든 초고는 쓰레기다. 글 쓰는 데에는 죽치고 앉아서 쓰는 수밖에 없다. 나는 『무기여 잘 있거라』를 마지막 페이지까지 총 39번 새로 썼다"라고 고백했습니다. 동화작가 E. B. 화이트(Elwyn Brooks White)는 "위대한 글쓰기란 없다. 위대한 고쳐 쓰기만 있을 뿐이다"라고 말했습니다.

좋은 문장을 흉내 내는 것이 곧 좋은 문장을 쓰는 방법입니다. 좋은 보고서를 많이 읽고 따라 하다 보면 좋은 보고서를 쓸 수 있습니다. 책이나 신문에서 마음에 맞는 글을 만나면 손 글씨로 써 보고 좋은 문장은 아예 통째로 외웁니다. 그다음엔 뇌가 알아서 좋은 문장을 나의 글 속에 재현합니다.

## 숫자와 통계

우리나라 사람들은 숫자로 말하는 것을 별로 좋아하지 않습니다. 통계를 표현하는 보고서나 보도자료를 쓸 때도 '상당히', '급격히', '지속적으로' 등의 모호한 표현을 많이 씁니다. "매장과 매장의 거리는 어중간했다"는 말을 일상생활 속에서 사용하는 것은 무방합니다. 그러나 업무 글쓰기에 이런 표현을 쓴다면 난감한 일입니다. 도대체 몇 미터부터 어중간인지 사람마다 모두 다르게 생각하기 때문입니다.

업무 글쓰기는 언제나 '매장과 매장의 거리는 1.5킬로미터', '전년 동기 대비 올 상반기 매출은 3퍼센트 증가' 등 정확한 숫자를 알려줘야 합니다. 아라비아 숫자와 표준 단위를 써서 누구나 납득할 수 있게 표현합니다. 공문서 표기법엔 몇 가지 숫자 표현 원칙이 있습니다.

### ■ 날짜·기간
가) 숫자로 표기하되 연, 월, 일의 글자는 생략하고 마침표로 구분

― 연, 월, 일 표기 시 한 칸 띄우고 표기

나) 월, 일 표기 시 '0'은 표기하지 않음

다) 기간을 표시할 때는 물결표(~)로 연결

― 물결표(~)의 앞뒤는 서로 붙여쓰기

라) 예시

― 날짜: 2021.02.12. → 2021. 2. 12.

― 기간: 2021. 09. 06. ‒ 2021. 09. 15. → 2021. 9. 6.~ 2021. 9. 15.


## ■ 시간

가) 시·분은 24시간제에 따라 숫자로 표기

나) 시·분은 글자를 생략하고 쌍점(:)으로 구분

다) 예시: 오후 3시 9분 → 15:09


## ■ 금액

가) 아라비아 숫자로 표기

나) 숫자 다음에 괄호를 하고 한글로 기재

― 일반인들에게 익숙하지 않은 '천 원', '백만 원'과 같은 단위 지양

다) 예시: 금113,560천 원 → 금113,560,000원(금일억일천삼백오십 육만 원)

# 2020년도 콩·팥 보급종 수매가격 조사결과

### ① 양곡시장(aT센터) 유통가격

| 작물 | 평균가격(원/kg) | | 증감(B-A) | 비율(B/A) |
|---|---|---|---|---|
| | 2019년 (A) | 2020년 (B) | | |
| 콩 | 5,340 | 5,890 | 550 | 110.3 |
| 팥 | 9,710 | 11,500 | 1,790 | 118.4 |

### ② 시중(지역농협 등 27개 업체) 유통가격

| 작물 | 평균가격(원/kg) | | 증감(B-A) | 비율(B/A) |
|---|---|---|---|---|
| | 2019년 (A) | 2020년 (B) | | |
| 일반콩<br>(17개소) | 4,375 | 5,289 | 914 | 110.3 |
| 나물콩<br>(7개소) | 6,230 | 7,080 | 850 | 118.4 |
| 팥(3개소) | 6,680 | 8,660 | 1,980 | 129.6 |

### ③ 20년산 콩·팥 조사대상별 가격조사표(총괄)

| 작물 | 구분 | 매입가격 | | 증감 | |
|---|---|---|---|---|---|
| | | 2019년(A) | 2020년 (B) | (B-A) | % |
| 일반콩 | 양곡시장 | 5,340 | 5,890 | 550 | 10.3 |
| | 지역농협 등 | 4,375 | 5,289 | 914 | 20.9 |
| | 정부약정 | 4,200 | 4,280 | 80 | 1.9 |
| 나물콩 | 지역농협 등 | 6,230 | 7,080 | 850 | 13.6 |
| | 정부약정 | 4,361 | 4,360 | △1 | 0.0 |
| 팥 | 양곡시장 | 9,710 | 11,500 | 1,790 | 18.4 |
| | 지역농협 등 | 6,680 | 8,660 | 1,980 | 29.6 |
| | 정부약정 | 5,194 | 5,190 | △4 | △0.1 |

# 2020년도 콩·팥 보급종 수매가격 조사결과

〈20년산 콩·팥 조사대상별 가격조사표(총괄)〉

| 작물 | 구분 | 매입가격 | | 증감 | |
|------|------|---------|---------|---------|------|
| | | 2019년(A) | 2020년 (B) | (B−A) | % |
| 일반콩 | 양곡시장 | 5,340 | 5,890 | 550 | 10.3 |
| | 시중 | 4,375 | 5,289 | 914 | 20.9 |
| | 정부약정 | 4,200 | 4,280 | 80 | 1.9 |
| 나물콩 | 시중 | 6,230 | 7,080 | 850 | 13.6 |
| | 정부약정 | 4,361 | 4,360 | △1 | 0.0 |
| 팥 | 양곡시장 | 9,710 | 11,500 | 1,790 | 18.4 |
| | 시중 | 6,680 | 8,660 | 1,980 | 29.6 |
| | 정부약정 | 5,194 | 5,190 | △4 | △0.1 |

　숫자와 통계는 객관성과 신뢰성을 높이는 데 중요한 역할을 합니다. 그러나 통계를 표나 그래픽으로 지나치게 많이 넣으면 글의 문맥이 끊기고 분량이 늘어나는 단점이 있습니다. 중요한 통계 한두 개 정도만 표나 그래프로 처리하고 나머지는 첨부자료로 보내는 것이 가독성을 높이는 길입니다.

　앞 페이지의 〈2020년도 콩·팥 보급종 수매가격 조사결과 보고서〉를 보면 ① 양곡시장 유통가격, ② 시중 유통가격, ③ 양곡시장+시중+정부 수매가격 등 세 개 표의 내용이 서로 중복되고 있습니다. 그러나 위의 예시와 같이 가장 중요한 항목만 살려 핵심을 강조하는 것이 좋습니다.

표나 그래프는 통계의 내용을 빠짐없이 균등하게 전달하는 바탕 자료, 즉 로데이터(raw data)입니다. 어떤 보고서를 보면 결재권자가 필요한 내용을 알아서 파악하라는 식으로 그냥 로데이터만 전달하는 경우가 있습니다. 보고서는 결정, 판단을 위한 자료입니다. 통계의 포인트를 제대로 잡고 결재권자가 엇나가는 해석을 하지 않도록 친절하게 안내해야 합니다.

다음과 같은 그래프를 제시했다면 이 통계에서 결재권자가 알아야 할 핵심을 잘 전달해야 합니다. 모든 통계 수치를 나열하지 말고 포인트의 특징만 두드러지게 잡아내고 결재권자가 전자계산기를 두드리지 않아도 증감, 변화의 내용을 알 수 있도록 숫자 정보를 충실하게 나타내야 합니다.

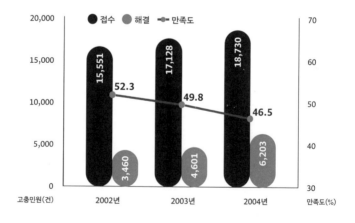

최근 3년간 위원회 고충민원 처리 및 만족도 현황

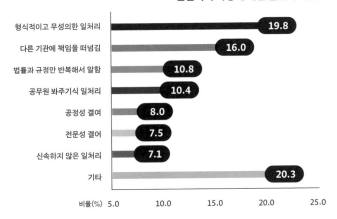

**민원처리 과정에 대한 불만족 사유**

| 항목 | 비율(%) |
|---|---|
| 형식적이고 무성의한 일처리 | 19.8 |
| 다른 기관에 책임을 떠넘김 | 16.0 |
| 법률과 규정만 반복해서 말함 | 10.8 |
| 공무원 봐주기식 일처리 | 10.4 |
| 공정성 결여 | 8.0 |
| 전문성 결여 | 7.5 |
| 신속하지 않은 일처리 | 7.1 |
| 기타 | 20.3 |

비율(%) 5.0 10.0 15.0 20.0 25.0

— 최근 3년간 고충민원 접수는 연평균 9.7퍼센트(2002년 15,551
건 → 2004년 18,730건) 상승했으나, 만족도는 연평균 2.9퍼센
트p 하락
— 민원처리 불만의 핵심은 "법·규정만 반복해서 말하고 타 기관
에 책임 전가(26.8퍼센트)", "형식적·무성의한 민원처리(19.8
퍼센트)"로 해결되지 않은 민원에 대한 배려 부족으로 평가

다음 그래프를 예로 들어 통계를 표현할 때 몇 가지 유의할
점을 설명하겠습니다.

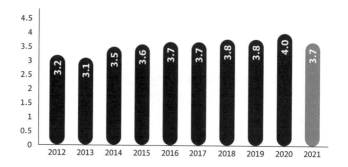

**실업률**

■ **퍼센트(백분율) VS 퍼센트p(백분율의 산술적 차이): 수치의 차이를 나타낼 때 상황에 맞는 적절한 단위를 사용합니다.**

— 작년 대비 올해 실업률 7.5퍼센트 감소 (상대수치 강조)

— 작년 대비 올해 실업률 0.3퍼센트p 감소 (절대수치 강조)

■ **감소량 VS 잔여량: 감소량은 그대로 숫자와 감소를 쓰고 잔여량은 숫자 뒤에 '수준으로'를 반드시 붙입니다.**

— 감소량: 작년 대비 올해 실업률 7.5퍼센트 감소

— 잔여량: 작년 대비 올해 실업률 92.5퍼센트 수준으로 감소

■ **단위 표준화: 위 표의 경우 소수점 아래 한 자릿수까지 표기하기로 했으면 좌측의 기준선 숫자도 거기에 맞춰 표준화합니다.**

## ■ 기타

— 만족도 조사 결과 작성 시 보통을 만족이나 불만족 어느 한쪽에 포함하면 안 됩니다. 보통이나 '그저 그렇다'는 중립적 상태, 판단 유예 상태이기 때문에 어느 한쪽에 포함시키면 통계 왜곡이 됩니다.

— 이동이나 증감을 표시할 때 →, ↑ 등의 도형이나 부호를 사용하면 직관성이 높아집니다.

LITERACY
FOR
OFFICE WORKERS

PART 04

# 종류별 문해력 키포인트

# 공문서

## 공문서와 보고서의 분류

보고서의 분류는 2005년 대통령 비서실이 편찬한 「보고서 작성 매뉴얼」을 통해 큰 갈래가 잡혔습니다. 이를 바탕으로 다양한 직장에서 유통되는 실제 공문서와 보고서의 유형을 반영해 분류하면 다음과 같습니다.

이 분류에 따라 공문서와 보고서의 특징, 형식과 작성 요령 및 예문을 하나씩 설명하겠습니다.

| 공문서 | 기안서 |
|---|---|
| | 품의서 |
| | 공문 |
| 기획보고서 | 사업(정책)기획보고서 |
| | 사업계획보고서, 검토보고서 |
| | 행사기획보고서 |
| 상황보고서 | 상황보고서 |
| | 결과보고서 |
| 요약보고서 | 자료요약보고서 |
| | 참고자료보고서 |
| | 정보보고서, 연구보고서 |
| 회의보고서 | 회의자료보고서 |
| | 회의결과보고서 |

# 기안서

## 📖 특징

공문서는 회사 내부나 대외적으로 업무상 작성된 모든 문서를 가리킵니다. 출력된 문서뿐 아니라 전자문서, 파일, 도면, 사진 등이 모두 포함됩니다. 사적 문서이지만 업무를 위해 회사에 접수되면 공문서에 포함됩니다.

공문서는 업무 수행을 위해 작성·시행하고 업무 종료 후엔 보존하는 프로세스를 밟습니다. 내부 결재로 끝나는 문서도 있고 회사 내부나 다른 기관의 협조를 요청하기 위해 대내외로 유통되는 문서도 있습니다.

이렇게 공문서를 넓은 의미로 해석하기도 하지만 좁은 의미로 해석하면 본격적인 보고서와 구분되는 약식 보고서의 의미로 쓰이기도 합니다. 즉, 기안서(시행문), 품의서, 협조공문 등이 여기에 해당합니다.

기안서는 어떤 사업을 시작하기에 앞서 결재권자로부터 최초의 결재를 얻기 위해 작성하는 문서입니다. 대부분의 사업은 기안서로부터 비롯된다고 할 수 있습니다. 결재를 얻고 난 뒤 시행을 위해 그 문서를 공지하면 시행서가 됩니다. 기안서와 시행서는 거의 똑같은 문서라고 볼 수 있습니다.

📖 **형식**

| 두문 | – 결재<br>– 기안자<br>– 작성일 |
|------|------|
| 본문 | – 제목: 결재권자가 결정하거나 판단할 용건, 결론<br>– 전문: 이 사업을 하는 취지, 이유, 목적, 기대효과 (결재권자를 설득할 수 있는 논리적 근거와 타당성을 보여 줘야 한다)<br>– 주문: 이 사업을 하는 데 필요한 예산, 일정 등 실무 사항(결재권자가 알고 싶은 내용과 궁금증에 대한 답변을 망라해야 한다) |

| 결재 | 담당 | 팀장 | 본부장 | 사장 |
|---|---|---|---|---|
| | | | | |

| 기안자 | 김○○ | 직책 | 대리 |
|---|---|---|---|
| 부서 | 총무부 | 작성일 | 2023. 7. 20 |
| 제목 | 업무용 태블릿 PC 보급 | | |
| 전문 | 1. 전체 직원의 근무형태를 조사한 결과 외근 비율이 50%를 넘었습니다. 외근 시 현장 영업 및 현장 업무 진행의 효율성을 높이기 위해 휴대가 간편한 업무용 태블릿 PC에 대한 수요가 높습니다.<br>2. 동종업계 대부분이 업무용으로 태블릿 PC를 활용하고 있으며 장기적으로 종이 없는 사무 문화를 만들기 위해서도 필요하다고 판단됩니다.<br>3. 아래와 같이 사업을 추진하고자 하니 검토해주시기 바랍니다. | | |
| 주문 | 가. 지원대상: 영업직원 100명(시행 후 전 직원으로 확대)<br>나. 기종: 아이패드 프로<br>다. 지원예산: 100명×150만 원<br>= 금150,000,000(금일억오천만 원)<br>라. 지출과목: 예비비<br>마. 구입방법: 경쟁입찰 계약<br>바. 보급일정: 2023. 9. 30. | | |

# 품의서

## 📖 특징

품의서는 기안서를 통해 이미 결재가 내려진 사항을 시행하기 위해 동의를 구하는 문서입니다. 행사 진행, 물품 구매, 예산 집행 등을 위한 목적으로 작성됩니다. 형식은 기안서와 같습니다.

## 📖 예문

| 결재 | 담당 | 팀장 | 본부장 | 사장 |
|---|---|---|---|---|
| | | | | |

| 기안자 | 박○○ | 직책 | 대리 |
|---|---|---|---|
| 부서 | 시스템관리팀 | 작성일 | 2023. 7. 20 |
| 제목 | 통합 클라우드 시스템 고도화 구축 | | |
| 전문 | 1. 사내 정보 및 콘텐츠 활용성을 극대화하기 위해 통합 클라우드 시스템을 고도화하는 사업입니다.<br>2. 주요 개발 내용 및 예산안을 아래와 같이 추진하고자 하니 검토해 주시기 바랍니다. | | |
| 주문 | 가. 기간: 계약 체결일~2023. 11. 15.<br>나. 예산: 금100,000,000원(금일억원)<br>– 기능별 예산 산정 내역<br>다. 주요 개발 내용<br>라. 계약 방식: 제한경쟁입찰(협상에 의한 계약) | | |

# 협조공문

## ☐ 특징

협조공문은 최종 결재를 마치고 회사 내부나 회사 외부의
협조와 이해를 요청하는 문서입니다. 협조공문은 회사의 얼굴
같은 역할을 합니다. 정확한 정보를 바탕으로 구체적이고 명
료한 요청 내용을 담고 있어야 합니다.

## ☐ 형식

| 두문 | - 기관명<br>- 수신자<br>- 경유 혹은 참조 |
|---|---|
| 본문 | - 제목: 수신자가 결정하거나 판단할 용건, 결론<br>- 전문: 이 사업을 하는 취지, 이유, 목적, 기대효과(수신자를 설득할 수 있는 논리적 근거와 타당성을 보여 줘야 한다)<br>- 주문: 이 사업을 하는 데 필요한 예산, 일정 등 실무 사항(수신자가 알고 싶은 내용과 궁금증에 대한 답변을 망라해야 한다) |
| 결문 | - 발신 명의<br>- 기안자, 검토자, 협조자, 결재권자의 직위 또는 직급 및 서명<br>- 접수등록번호와 접수일자<br>- 기관의 우편번호, 주소, 홈페이지주소, 전화번호, 팩스번호<br>- 전자우편주소<br>- 공개구분 |

발신 | (주)CCC
수신 | 산들스포츠타운 대표님
경유 | 담당 부서
제목 | (주)CCC 직원 체육대회 장소 대관

---

1. 귀 기관의 무궁한 발전을 기원합니다.
2. 코로나19 팬데믹으로 인한 집합금지 명령이 해제됨에 따라 다수 인원이 참여하는 외부 행사가 올해부터 가능해졌습니다.
3. (주)CCC는 산들시 관내에 위치한 중견기업으로 직장 내 활력 증진과 단합 분위기 조성을 위해 3년 만에 체육대회를 개최하고자 아래와 같이 장소 대관을 요청하니 협조 바랍니다.

가. 행사개요: (주)CCC 추계 체육대회
나. 일시: 2023. 9. 23.(토요일) 13:00~17:00
다. 장소: 산들스포츠타운 대운동장 및 농구코트
라. 행사 인원: 50명
마. 예산: 산들스포츠타운 대관료 기준에 따름
바. 연락: 총무팀 최성식(전화 010-123-1234)


대표 홍길동



담당: 최성식    팀장:      상무:      대표:
우 12345      경기도 산들시 산들로 10 산들빌딩 3F
E-mail:       TEL:       FAX:

# 기획보고서
# 계획보고서
# 검토보고서
# 사업제안서
# 행사보고서

## 기획보고서

### 📖 특징

기획보고서는 주로 어떤 사업이나 정책을 시작하기에 앞서 작성합니다. 사업이나 정책의 목표를 달성하기 위해 이슈나 과제를 정의하고 문제점과 원인을 분석하며 해결방안이나 개선방안을 제시하는 보고서입니다.

많은 내용 가운데 이 보고서의 이슈나 과제가 선택된 이유(추진배경, 목적)와 이슈나 과제가 놓여 있는 거시적 환경(추진배경)을 잘 설명해야 합니다.

이슈나 과제를 잘 정의하고 그것이 직면한 문제를 진단하거나 바람직한 미래 상태와의 차이를 분석한 뒤(현황 문제점) 이를 해결하기 위해 결재권자가 어떤 대안과 수단을 판단해야 하는지 제시해야 합니다(해결방안). 현황, 문제점, 해결방안이 기획의 주요 논리 패턴입니다.

📖 **형식**

| 제목 | | – 결재권자의 관심과 흥미 유발<br>– 결재권자가 가장 궁금해하는 해결 방안과 기대 효과를 조합한 제목이 효과적 |
|---|---|---|
| 개요 | | – 결재권자가 결정하거나 판단할 내용을 압축적으로 정리해 제시<br>– 보고서의 논리적 흐름으로 봤을 때 결론, 주장, 용건, 핵심 메시지에 해당<br>– 보고서 전체를 관통하는 핵심 개념에 대한 설명 |
| 추진배경 | 배경 | – 추진배경으로 묶기도 하고 배경과 목적을 분리하기도 함<br>– 보고서에서 제시한 이슈나 과제가 놓여 있는 거시적 환경(이 사업을 하는 계기, 조건)을 의미. 그렇기 때문에 보고자, 보고조직의 입장에서 봤을 때 어떤 노력을 통해 변경하거나 개선할 수 없는 상황이 바로 배경에 해당. 예를 들어 A시에서 노인 일자리를 늘리는 사업을 한다고 가정했을 때 고령화로 A시의 노인 인구가 급증하는 것은 A시가 어떤 변경 개선도 불가능한 일이기에 배경(추진배경)으로 타당<br>– 경과나 법적 근거의 내용이 많으면 추진경과나 추진근거 등 별도 항목으로 처리. 하지만 그렇지 않을 경우 배경(추진배경)에서 소화하는 것이 적절. |

종류별 문해력 키포인트 ●

| | |
|---|---|
| 목적 | − 사업을 하기 이전의 관점에서 이 사업의 파급효과를 예측<br>− 필요성 같은 실질적 파급효과를 언급할 수도 있고 취지나 이유 같은 명분적 파급효과가 올 수 있음<br>− 목적과 유사한 기대 효과는 사업 이후의 관점에 해당 |
| 현황 | − 이 보고서에서 다루고 있는 이슈나 과제, 어젠다에 해당하는 상황<br>− 보고자, 보고조직이 노력을 통해 개선하거나 변화시켜야 할 상황이란 점에서 배경(추진배경)과 구분. 배경(추진배경)이 거시적 환경이라면 현황은 미시적 환경에 가까움. 예를 들어 A시에서 노인 일자리를 늘리는 사업을 한다고 가정했을 때 A시에서 일자리를 갖고 있는 노인의 비율이 40% 미만이라면 이 상황이 바로 현황에 해당<br>− 현황은 목표와 현실 사이의 차이를 드러내는 방식으로 표현. 이슈, 과제는 '노인 일자리를 늘린다'가 아니라 '노인 일자리를 3% 늘린다'고 정량적, 정성적 목표와 함께 내용이 제시. 과제 목표는 'TO BE', 현실은 'AS IS'로 둘 사이의 차이가 잘 나타나야 함 |
| 문제점(원인) | − 과제 목표와 현실 사이의 차이로 발생하는 부정적 요소, 미달되는 요소가 바로 문제점. 노인 일자리가 40%에 머물러 빈곤층 노인이 늘어나고 이로 인한 양극화와 세대 갈등, 노인 자살 등이 발생하는 것이 바로 문제점에 해당<br>− 논리 패턴에 따라 과제 목표와 현실 사이의 차이가 발생하는 원인이 오기도 함<br>− 문제점이나 원인 둘 중 하나만 오기도 하고 둘 다 오기도 함 |

| | |
|---|---|
| | – 원인은 또 해결방안에서 처리할 수도 있음. 문제의 원인을 해소하면 그 문제가 풀리기 때문. '~할 필요'로 끝나는 내용이 주로 원인 |
| 해결방안<br>(개선방안,<br>추진과제) | – 문제의 성격에 따라 해결방안, 개선방안, 추진과제로 목차명이 바뀜<br>– 사건 사고나 저출산 고령화 등 이미 일어난 문제는 해결방안, 조직개편이나 고객 증대 등 앞으로 개선해야 하는 문제는 개선방안, 중장기 비전이나 온실 가스 대책 등 앞으로 예상되는 문제는 추진과제로 목차명 부여<br>– 해결방안(개선방안, 추진과제)은 과제 목표와 현실 사이의 차이를 줄일 수 있는 방법<br>– 논리적으로 타당한 것만으로는 충분조건이 될 수 없고 실현가능성, 구체성이 있어야 하며 보고자, 보고조직이 직접 실행할 수 있는 내용이어야 함 |
| 기대효과 | – 과제를 실행한 이후 파급효과를 예측<br>– 결재권자의 결재 의지를 북돋기 위해 정성적, 정량적으로 파급효과를 표현하는 것이 좋음 |
| 조치사항<br>(행정사항,<br>향후계획) | – 조치사항은 해결방안에서 제시된 내용을 실제 실행하기 위해 필요한 예산, 일정, 추진주체, 역할 분담 등에 해당<br>– 해결방안이 전략적 수준이라면 조치사항은 실행적 수준<br>– 결재권자가 보고서를 다 읽고 난 뒤 실제로 결정 판단할 내용이 여기에 모여 있음<br>– 공공기관에선 행정사항으로 부르고, 앞으로 할 일을 정리한 내용이라면 향후계획으로 목차명을 붙임 |

종류별 문해력 키포인트

📖 **예문**

## 해수부-환경부,
## 2022년까지 항만 미세먼지 50% 줄이기 함께 나선다

■ 해양수산부와 환경부는 2019년 3월 19일 서울청사(별관 브리핑룸)에서 항만지역 미세먼지 저감을 위한 업무협약을 체결키로 하였다. **(개요)**

● 양 부처는 항만지역 주민의 '맑은 공기, 숨 쉴 권리' 확보를 위해 **(추진배경)** 선박 연료의 황 함유량 규제, 항만 하역장비 친환경 기반시설(인프라) 확충, 항만 미세먼지 감시체계 구축, 고농도 미세먼지 발생 시 항만지역 내 비상 저감조치 시행 등 핵심 대책을 차질 없이 추진할 계획이다. **(해결방안)**

● 항만은 국내 수출입 화물의 99% 이상을 처리하는 국가 경제의 요충지임에도 불구하고, 국내 미세먼지 배출원의 10%를 차지*하는 선박과 대형 경유 자동차 출입(연간 4,636대, 국내 10%) 등으로 인해 국내 주요 미세먼지 배출원으로 꼽히고 있다. **(현황)**

　* 2015년 기준 국내 미세먼지 배출 총량: 336,066톤 / 선박: 32,300톤

● 그동안 부처별로 항만 내 미세먼지 배출원에 관한 대책을 추진해 왔으나, 하역 장비 등 항만시설에 대한 전체적인

배출현황 파악이 미흡하고 통합적인 관리가 잘 이뤄지지 않는다는 지적이 있었다. **(문제점)**

■ 이에 양 부처는 업무협약을 통해 종합적이고 효율적으로 항만지역 미세먼지 저감 대책을 추진하여 2022년까지 항만지역 미세먼지를 획기적으로 줄이겠다는 각오를 밝혔다. **(개요)**

● 해양수산부는 황산화물 및 미세먼지 발생을 줄이기 위해 배출규제해역* 및 저속운항해역**을 지정할 예정이다. 또한 항만 내 미세먼지를 줄일 수 있는 육상전원공급설비를 신규 설치하고, 항만하역 장비인 야드 트랙터의 연료도 경유에서 LNG로 전환하는 등 친환경 항만 기반시설(인프라)도 확대할 예정이다.

> \* 일반해역보다 강화된 선박 연료유 황 함유량 기준 적용(0.1% 미만)
> \*\* 일반해역보다 강화된 속도 기준 적용
> (20% 감속 시 시간당 미세먼지 49% 감축)

● 환경부는 친환경 선박 건조 및 친환경 항만 기반시설(인프라) 구축에 따른 대기질 개선효과 분석을 위해 2020년까지 이동측정망 등을 활용하여 항만지역 대기질 측정을 시행하는 한편, 대기오염물질 상시 측정망을 확충하여 항만지역 대기질을 지속해서 관리할 계획이다. 또한, 항만 출입이 잦은 노후 경유차에 대해서는 저공해 조치가 이뤄질 수

있도록 우선 지원할 계획이다. **(해결방안)**

　● 이에 더하여, 양 부처는 고농도 미세먼지 발생에 대한 대책으로 항만지역 내 노후 경유차 출입금지, 날림(비산) 먼지 발생시설 관리 강화 등 추가 대책을 강구하여 시행하기로 하였다.

　■ 양 부처는 항만지역 미세먼지 저감을 위한 긴장의 끈을 놓지 않기 위해 이번 협약 이후에도 정례적으로 정책협의회를 개최하여 지속적으로 이행 상황을 점검하고 상호 협력해 나갈 예정이다. **(향후계획)**

　■ 김○○ 해양수산부 장관은 "환경부와의 업무협약 체결은 '항만지역 등 대기질 개선에 관한 특별법' 시행(2020년 1월 1일) 전에 미리 양 부처 간 협업을 시작하여 항만지역 미세먼지 저감 사업을 강력하게 추진하겠다는 의지의 표명이다"라며, **(추진배경)** "앞으로 환경부와 적극적으로 협업하여 2022년까지 부산, 인천 등 항만지역 미세먼지를 절반 이상 감축해 나갈 것"이라고 말했다.

　■ 조○○ 환경부 장관은 "해양수산부와의 업무협약 체결을 계기로 그간 사각지대로 지적됐던 항만지역 미세먼지 문제를 부처협력을 통해 획기적으로 개선하겠다"라며 "정부의 이러한 저감 노력이 항만지역 주민의 삶의 질 개선에도 크게 이바지할 것으로 기대된다"라고 밝혔다. **(기대효과)**

## 항만 미세먼지 관리 대책 불가피

　공항과 항만과 같은 대기오염 다량 배출원에 대한 지역 맞춤형 집중관리 대책도 필요하다. 가령, 환경부 조사에 따르면 선박의 미세먼지 배출량은 국내 총배출량의 약 10%를 차지한다. 선박 미세먼지 배출량은 대부분 화물(71%)과 어선(25%)으로부터 배출된다. 국내 주요 무역항이 위치한 부산, 인천, 울산의 선박 배출량이 전국 항구 배출량의 49%를 차지한다. 2016년 〈네이처〉지는 부산항을 '세계 10대 미세먼지 오염항만'으로 발표한 바 있다. 원양 선박에서는 차량 디젤유보다 3,500배 높은 황을 함유한 벙커C유 같은 저질 연료를 주로 사용해 왔고, 항만과 공항을 드나드는 화물차도 디젤차들이다. **(현황)** 2018년 4월 국제해사기구(IMO)*가 올해 국제 해운업의 온실가스 배출량을 2050년까지 50% 감축하기로 합의한 만큼 국내에서도 친환경 선박 규제를 포함한 항만 미세먼지 관리 대책은 불가피해질 전망이다. **(추진배경)**

* 국제해사기구(International Maritime Organization): 해사 안전, 해양 환경보호 등 관련 국제규범 제·개정 및 이행을 촉진하는 UN 산하 전문기구로서 우리나라는 1962년에 가입(정회원 175개국, 준회원 3개국)
_환경운동연합, "우리 지역 미세먼지 오염원을 찾아라"

# 항만 미세먼지 저감을 위한 부처간 공동대응 방안

## ■ 개요

- 2022년까지 항만 미세먼지 50% 저감을 목표로 환경부와 공동 대응·방안을 마련하고 업무협약을 체결(2019. 3. 19.)할 계획

## ■ 추진배경

- 2018년 국제해사기구*(IMO)에서 국제 해운업의 온실가스 배출량을 2050년까지 50% 감축키로 합의
  — 국내에서도 친환경 선박 규제를 포함한 항만 미세먼지 관리대책 마련 필요

  *  해사안전, 해양환경보호 등 관련 국제규범 제·개정 및 이행을 촉진하는 UN산하 전문기구로 우리나라는 1962년에 가입(정회원 175개국, 준회원 3개국)

- 항만지역 미세먼지 특별관리를 위한 「항만지역 등 대기질 개선에 관한 특별법」 시행(2020. 1. 1.) 예정

## ■ 현황 및 문제점

- 항만은 국내 미세먼지 배출원의 10%를 차지*하는 선박과 대형 경유자동차 출입 등으로 인해 국내 주요 미세먼지 배출원으로 지목

— 2016년 〈네이처〉지는 부산항을 '세계 10대 미세먼지 오염항만'으로 발표

● 선박 미세먼지 배출량은 대부분 화물(71%)과 어선(25%)으로부터 배출

— 국내 주요 무역항이 위치한 부산, 인천, 울산의 선박 배출량이 전국 항구 배출량의 49%를 차지

● 그간 항만 미세먼지 배출원 대책을 부처별로 추진했으나, 항만시설에 대한 전체적인 배출현황 파악과 통합 관리에 미흡

■ **개선방안**

● 2022년까지 항만 미세먼지 50% 저감을 목표로 환경부와 업무협약을 체결하고 공동으로 항만 미세먼지 저감 대책을 추진

— (해수부) ① 황산화물 및 미세먼지 발생 저감을 위해 배출규제해역* 및 저속운항해역** 지정, ② 친환경 항만 기반시설 확대***

* 일반해역보다 강화된 선박 연료유 황 함유량 기준 적용(0.1% 미만)
** 강화된 속도 기준 적용(20% 감속 시 시간당 미세먼지 49% 감축)
*** 항만 내 육상 전원공급설비 신규 설치, 야드 트랙터 연료를 경유에서 LNG로 전환 등

— (환경부) ① 2020년까지 이동측정망 등을 활용한 항만 대기질 개선효과 분석, ② 대기오염물질 상시측정망을 확충하여 항만 대기질 지속 관리, ③ 항만출입이 잦은 노후 경유차의 저공해 조치에 대해 우선 지원

### ■ 기대효과

- 부처 협력을 통해 2022년까지 항만 미세먼지 50% 이상 감축하여 항만지역 주민의 삶의 질 개선

### ■ 향후계획(조치사항)

- 환경부와 업무협약 체결하고 이후 정례 정책협의회를 운영하여 이행 상황을 지속적으로 점검
- 항만지역 내 노후 경유차 출입 금지, 날림(비산)먼지 발생시설 관리 강화 등을 위해 **환경부와 추가 대책 마련**

## 계획보고서

### 📖 특징

계획보고서는 주로 어떤 사업이나 정책을 시작하기에 앞서 작성한다는 측면에서 기획보고서와 동일합니다. 그러나 현황, 문제점, 해결방안 등 기획의 논리 패턴이 들어가 있지 않은

점이 다릅니다. 기획보고서는 보고자가 의제(이슈, 과제)를 주
도적으로 발견 및 정의하고 문제점, 해결방안을 도출하는 상
향식(bottom-up) 보고서인데 반해 계획보고서는 이미 조직
에서 결정한 과제를 집행하기 위해 필요한 여러 내용을 정리
한 하향식(top-down) 보고서입니다.

📖 **형식**

| 제목 | – 기획보고서와 동일 |
|---|---|
| 개요 | – 기획보고서와 동일 |
| 추진배경 | – 기획보고서와 동일 |
| 추진내용 | – 이 보고서에서 다루고 있는 이슈나 과제, 어젠다에 해당하는 상황. 즉 보고자, 보고조직이 노력을 통해 개선하거나 변화시켜야 할 상황 |
| 추진계획 | – 추진내용을 구체적으로 실행하기 위한 사업의 내용, 대상, 예산, 일정 등 세부내용과 기대효과 |
| 조치사항 (행정사항, 향휴계획) | – 기획보고서와 동일 |

📖 **예문**

## 2022년 고객 미디어 조사 보고서 발행 계획

### 1. 개요

■ 고객이 미디어를 통해 우리 회사 관련 상품 정보를 어떻

종류별 문해력 키포인트 ●

게 검색, 열독했는지 통계를 조사하고 보고서로 정리함으로써 미디어 전략의 기본 데이터로 활용

### 2. 추진배경

■ 2010년부터 실시되어 온 고객 미디어 조사의 시계열적 분석

■ 종이신문 등 레거시 미디어의 하락과 SNS, 유튜브의 부상에 따른 미디어 환경변화

### 3. 추진내용

■ 〈2022 고객 미디어 조사〉 실시

■ 미디어 환경변화 관련 FGI(Focus Group Interview) 실시

■ 보고서 발행

### 4. 추진계획

■ **〈2022 고객 미디어 조사〉 실시**

 ● 조사대상: 전국 만 19세 이상 인구 3,000명 이상

 ● 조사방법: 구조화된 설문지를 통한 1대1 대인 면접방식 (태블릿 PC 이용)

 ● 조사기간: 2022. 11.~12.

 ● 실사기관: 한국리서치 등

- 조사내용 (※ 조사대상 및 표본추출방법 등은 연구결과에 따라 변경될 수 있음)
  - (미디어) 하루 평균 미디어/뉴스 이용시간 및 빈도
  - (종이신문) 종이신문 열독률, 신문기사 이용 경로 등
  - (인터넷 뉴스) PC 및 모바일 인터넷을 통한 뉴스 이용
  - (SNS) 메신저 서비스, SNS 뉴스, 온라인 동영상 플랫폼, 팟캐스트 이용
  - (텔레비전/라디오) 방송 뉴스 이용
  - (그 외) 미디어 보도 및 언론인 평가, 여론집중도조사 문항, 기타 추가 문항 및 섹션

### ■ 미디어 환경변화 관련 FGI(Focus Group Interview) 실시

- 조사 및 연구: 종이신문 이용자·비이용자 그룹 선정 후 전문가 심층 인터뷰
  - \* 성별, 연령별 등 인터뷰 내용 비교 가능하도록 주요 변인 고려 그룹 구성
  - 인터뷰 내용에 대한 주요 변인별 전문가 분석 및 함의 도출
- 추진방식: 언론학자, 언론종사자(기자, PD 등), 유튜버, 시청자 단체 등 4개 그룹

### ■ 보고서 발행

- 〈2022 고객 미디어 조사 보고서〉 발간
  - (내용) 인포그래픽, 그래프, 표 등 시각화 자료 중심

서술

— (발행) 100부, 변형 국배판(A4), 250면 내외(부록 및 통계표 PDF 별도), 2023년 3월 발행

— (기타) 전자보고서(PDF) 제작, 통계표 PDF 홈페이지 별도 제공

■ **기대효과**

- 고객 미디어 이용 행태 및 인식 파악, 경향 예측
- 각 미디어별 이용 행태를 반영한 마케팅 정책 수립

### 5. 조치사항

■ 추진일정: 2022. 10.~2023. 3. (※ **세부 일정 별첨**)

■ 사업 예산: 금280,000,000원(금이억팔천만 원) (※ **상세 내역 별첨)**


검토보고서


 🕮 **특징**

검토보고서는 결재권자에게 용역, 계약, 사업, 요청 등의 검토 내용을 보고하고 그 결과를 설명하는 보고서입니다. 사업 계획보고서와 유사하지만 검토보고서 양식을 별도로 사용하는 회사가 있어 추가로 설명합니다.

| 제목 | – 검토사항 및 결과가 드러나도록 작성 |
|---|---|
| 개요 | – 기획보고서와 동일 |
| 추진배경 | – 기획보고서와 동일 |
| 검토내용 | – 검토 대상(용역, 계약, 사업, 요청) 내용<br>– 검토할 내용의 현 상황과 문제점<br>– 구체적 통계, 여론조사 결과, 현장조사 결과 등 입증할 수 있는 자료 병행 제시<br>– 해당정책과 관련해 민간이나 해외에서의 유사 사례 및 효과를 분석해 적용방안 마련 |
| 검토결과 | – 검토한 결과 내용과 그 결과를 도출하게 된 이유<br>– 비용, 소요예산 실행 가능성 등을 고려해 최적의 결과를 제시<br>– 결과에 따라 어떠한 변화가 일어날 것이며 현재 수준과 얼마만큼 달라질 수 있는지를 예측해 작성 |
| 조치사항<br>(행정사항,<br>향후계획) | – 검토 결과를 효과적으로 관리·집행하기 위한 향후계획, 비용 등 예산, 조직구성, 역할 분담 등 |

☐ 예문

## '치매예방 전문가 양성사업' 추진실적 및 후속지원 검토

### 1. 개요

■ '치매예방 전문가 양성사업'을 통해 '실버인지놀이지도자', '실버인지걷기지도자' 등 치매예방 인지향상 전문가를

양성함으로써 지역 일자리 창출

■ 관내 장기요양시설 및 노인복지시설에서 치매 관련 전
문인력이 활동할 수 있게 역량 강화 프로그램을 지속적으로
지원함으로써 노인복지 향상에 기여

## 2. 추진배경

■ 정부의 국가치매책임제 정책방향에 부응하는 치매예방
인력 양성

■ 경기도 시군 지역 일자리지원 사업으로 추진

## 3. 검토내용

### ■ 사업내용

• 치매에 대한 기본이해를 바탕으로 한 도구 활용 교육
실시

• 실습 위주의 교육 운영으로 치매예방에 대한 전문성 향상

• '실버인지놀이지도자2급', '실버인지걷기지도자2급' 자
격증 획득 목표

• 자격증 취득 후 심화교육 및 관련기관 실습 연계 지원

• 사업목표: 50명 / 취업률 목표: 60% 이상 / 교육시간:
총 90시간

### ■ 추진실적

- 현장 실습 및 워크숍 각 1회 수행
- 교육 종료 후 동아리 및 단체활동 참여
- 자격증 취득: 53명(실버인지놀이지도자 및 실버인지걷기지도자 2급)
- 사업실적: 수료인원 53명으로 목표인원(50명) 초과 달성 / 교육만족도: 95점 / 취업률 최종결과 보고 3월 말

## 4. 검토결과

### ■ 강사역량 강화를 위한 후속 지원 필요

- 교육 수료생들의 동아리 활동 지원
- 동아리 내 자체 학습모임 운영 및 네트워크 강화
- 강의 교안 작성 및 개별 발표 기회 마련
- 동아리 회원 대상 PPT 교육 지원(예정): 3월 중 / 12시간 교육

### ■ 교육 수료 후 현장실습 및 체험 기회 마련 절실

- 요양시설, 노인복지시설 등 치매예방 교육이 필요한 기관 대상으로 홍보
- 보건소 등 유관 기관과의 협조를 통해 일자리 발굴

## 5. 행정사항

- ■ 수료생에 대한 취업 지원: 3월 말 기준 취업실적 최종 결

과보고서 제출

■ 수료생 역량 강화: 자체 학습 동아리 활동 지원 및 현장 실습 실시

**(※ 사업비 정산 내역 별첨)**


## 사업제안서

### 📖 특징

어떤 사업이나 정책을 시작하기에 앞서 작성한다는 측면에서 기획보고서, 계획보고서와 동일합니다. 그러나 기획보고서, 계획보고서가 주로 회사 내부의 결재권자를 보고 대상으로 한다면 사업제안서는 외부 회사, 외부 기관을 대상으로 삼는다는 점이 다릅니다.


### 📖 형식

| 제목 | - 제안받는 회사가 가장 궁금해할 핵심 내용 |
|---|---|
| 개요 | - 제안받는 회사의 결재권자가 결정, 판단할 내용 |
| 추진배경 | - 기획보고서와 동일 |
| 제안내용 | - 이 보고서에서 제안하고 있는 사업 내용, 대상, 예산, 일정 등 세부 내용과 기대효과 |
| 조치사항 (행정사항, 향후계획) | - 기획보고서와 동일 |

## 사내 업무 보고서 매뉴얼 제작 및 교육 사업 제안

### 1. 개요

■ 회사 내 유통되는 문서를 전문가가 분석해 종류에 따라 유형화하고 유형별 표준 형식과 샘플 문서를 담은 〈맞춤형 보고서 매뉴얼〉 제작을 제안 드림

■ 〈맞춤형 보고서 매뉴얼〉을 바탕으로 온라인 및 워크숍 교육을 실시해 매뉴얼 사용 방법 내재화

### 2. 추진배경

■ 직장인 대상 설문조사 결과 가장 시급히 개선해야 할 업무 관행으로 49%가 문서작성 간소화 및 표준화 응답(한국생산성본부)

■ 「보고서 작성 매뉴얼」을 만든 청와대의 경우 문서 작성의 부담은 절반으로 줄고 문서의 품질은 두 배로 상승했다는 내부 평가

### 3. 제안내용

### ■ 맞춤형 보고서 매뉴얼

 ● 현재 조직에서 유통되고 있는 문서 수집해 기존 보고서

의 문제점 정리

- 문서의 작성목적에 따라 유형화(ex: 검토보고서, 계획보고서 등)
- 유형별 표준 템플릿 마련
- 기존 보고서를 개선해 샘플로 제공 → Before 문서가 어떻게 개선되었는지 After 문서와 직접 비교하며 문서 작성방법 체득

## ■ 온라인 교육 영상

- 맞춤형 매뉴얼 사용 내재화를 위한 온라인 교육 영상 추가 제작
- 고객사의 내부 교육망에 탑재할 수 있도록 제작물을 제공

## ■ 기획서 심화 워크숍

- 이론과 실습을 병행한 심화 워크숍
  - 고객사가 현재 당면한 미션을 강사가 과제로 부여 (2~3개 과제)
  - 수강생은 3인으로 조를 이루어 부여된 과제 중 한 개를 선택해 그룹으로 기획보고서 작성
  - 워크숍 당일 미리 작성한 과제를 전문가(강사)가 공개 피드백 → 수강생은 타 그룹의 피드백을 수렴하며 함께 학습

## ■ 기대효과

- 업무 부담을 낮추고 업무혁신 취지에도 부합
- 쓰기도 쉽고 읽기도 쉽게 문서를 작성해 임직원 전체의 업무 효율 향상

## 4. 조치사항

- ■ 추진일정: 2023. 1.~2023. 6. (※ 세부 일정 별첨)
- ■ 사업예산: 금180,000,000원(금일억팔천만 원) (※ 상세 내역 별첨)

## 행사보고서

### 🕮 특징

행사를 원활하게 진행하기 위해 행사의 기획이나 계획을 담은 보고서를 행사기획(계획)보고서라고 합니다. 행사기획 보고서는 행사의 주재자, 결재권자가 행사의 방향과 성격, 주요 내용, 분위기 등을 결정하고 파악하는 목적으로 작성됩니다. 행사에 필요한 각종 참고자료, 말씀자료, 참석자 프로필, 참석자 예상발언 등이 첨부자료로 들어가기도 합니다.

## 📖 형식

| 제목 | – 결재권자가 가장 궁금해할 핵심 내용 |
|---|---|
| 추진배경 | – 행사에 대한 이해를 돕기 위한 기본 목적, 추진방향 제시. 행사를 하게 된 계기 |
| 개요 | – 행사명, 일시, 장소, 주관, 주요 행사내용 |
| 세부추진계획 | – 행사의 주요 내용과 진행순서, 시간 계획, 행사 완료 후 나타날 기대효과 |
| 조치사항 (행정사항, 향후계획) | – 예산, 일정, 역할분담, 관련부서 협조사항, 홍보계획 등 |

## 📖 예문

### 「2021 반려동물 산업 분야 규제혁신 토론회(포럼)」개최
### – 업계·학계·정부가 모여 반려동물 산업 규제 현안 및 발전방안 논의

농림축산식품부(장관 김○○, 이하 농식품부)는 한국농촌경제연구원(KREI)과 반려동물 산업 규제혁신 개선과제를 발굴·정비하기 위해 10월 21일(목) 오후 2시 대한상공회의소에서 「2021 반려동물 산업 분야 규제혁신 포럼」을 개최한다. (개요)

박○○ 농식품부 차관은 개회사(영상메시지)를 통해 "반려동물 산업은 미용·장묘업 및 펫푸드까지 다양화되며, 향후 첨단기술과의 융·복합화를 통해 지속적인 성장세를 이어갈 것

으로 전망한다"라고 하면서,

● "농식품부는 반려동물 신산업을 육성하고 동물의 보호와 복지를 증진하기 위해 규제혁신 과제를 지속적 발굴하고, 대국민 의견수렴 등을 통해 반려동물 관련 정책 마련에 최선을 다하겠다"라고 밝혔다. **(추진배경)**

이번 포럼에서는 중앙대 이○○ 교수를 좌장으로 반려동물 산업 분야 규제혁신 방안 논의를 위해 전문가 및 산업 관계자의 발제와 토론을 진행할 예정이다.

● 한국농촌경제연구원 이○○ 박사는 「반려동물 신산업 분야 규제 현안과 대응방향」을, (주)○○ 최○○ 대표는 「반려동물 맞춤형 사료 서비스 실증특례\*와 현장 애로사항」을 주제로 발제한다.

\* 반려동물의 종(種), 성별, 몸무게 등에 따른 맞춤형 사료 즉석 조리·판매 서비스(실증특례 부여, '21.5월)

● 이어서, 국내 반려동물의 먹거리 제조 관련 과도한 규제 사례와 현장 애로사항, 반려동물산업 진흥을 위한 데이터 구축 및 펫푸드 품질평가와 우수제품 지원·홍보 강화 필요성 등에 대한 토론이 있을 예정이다.

● 또한, ○○대학교 장○○ 교수는 반려동물 연관산업 관리 및 육성을 위한 정부의 조직체계 변화 필요성을, 한국○○연맹 정○○ 국장은 반려동물 문화와 산업 발전을 위한 정책을 제

안한다.

마지막으로, 종합토론에서는 반려동물 신산업 분야 현장 애로 해소를 위한 규제혁신 방안에 대해 참석자들이 자유롭게 의견을 교환하며, 산업 현장의 생생한 목소리를 담을 예정이다.

(토론자) 중앙대 이○○ 교수(좌장), 한국농촌경제연구원 이○○ 박사, (주)○○ 최○○ 대표, (주)○○ 장○○ 팀장, 한국 ○○협회 홍○○ 팀장, 건국대 장○○ 교수, 한국○○연맹 정○ ○ 국장, 농식품부 박○○ 과장 **(세부 프로그램)**

● 아울러, 이번 포럼은 코로나19 확산상황을 고려하여 좌장, 발표자, 토론자 등 최소한의 인원만 참석한다. **(개요)**

정부는 포럼에서 논의된 반려동물 산업 관계자와 전문가들의 다양한 의견들을 종합하여, 반려동물 연관산업 분야 법령·제도 등을 개선·정비해 나갈 계획이다. **(향후계획)**

## 2021 반려동물 산업 분야 규제혁신 포럼 프로그램

### ■ 추진배경

● 국민 체감도 제고 및 농식품 신산업 분야 규제혁신 과제 발굴·정비를 위해 규제 현장 전문가 및 반려동물 업계 관계자 의견 수렴

## ■ 개요

- (행사명) 2021 반려동물 산업 분야 규제혁신 포럼

- (일시·장소) 10. 21.(목) 14:00~15:30 / 대한상공회의소

- (참석) 좌장, 발제자, 토론자 등 10여 명은 대한상공회의소에서 규제혁신 현장 포럼 진행

  * 코로나19 확산상황을 고려, 최소한의 인원만 참석

- (주최·주관) 농림축산식품부 / 한국농촌경제연구원


## ■ 세부 프로그램

| 일 시 | | 내 용 | 비고 |
|---|---|---|---|
| 13:30~14:00 | 30′ | 농식품부 규제혁신 우수사례 영상 홍보 및 시스템 점검 | |
| 〈개회사 〉 | | | |
| 14:00~14:03 | 3′ | 포럼 안내 등 | 농림축산식품부 |
| 14:03~14:05 | 2′ | 개회사(영상 메시지) | 농림축산식품부 (박○○ 차관) |
| 〈발제〉 | | | |
| 14:05~14:20 | 15′ | 반려동물 신산업 분야 규제 현안과 대응 방향 | KREI (이○○ 박사) |
| 14:20~14:35 | 15′ | 반려동물 맞춤형 사료서비스 실증특례와 현장 애로사항 등 | (주)○○ (최○○ 대표) |

| 〈토론발표〉 | | | |
|---|---|---|---|
| 14:35~14:40 | 5′ | 국내 펫푸드 시장의 성장과 규제 | (주)○○ (장○○ 팀장) |
| 14:40~14:45 | 5′ | 반려동물 사료 산업진흥을 위한 제도 개선 방향 | 한국○○협회 (홍○○ 팀장) |
| 14:45~14:50 | 5′ | 반려동물 연관산업 관리와 육성을 위한 농식품부 조직 체계 변화 필요성 | ○○대학교 (장○○ 교수) |
| 14:50~14:55 | 5′ | 반려동물 문화와 산업 발전을 위한 정책 제안 | 한국○○연맹 (정○○ 국장) |
| 〈종합토론〉 | | | |
| 14:55~15:30 | 35′ | 종합토론<br> − (좌장) 이○○(중앙대학교/교수)<br> − 이○○(한국농촌경제연구원/박사)<br> − 최○○(○○/대표) / 장○○(○○/팀장)<br> − 홍○○(한국○○협회/본부장) / 장○○(○○대학교/교수)<br> − 정○○(한국○○연맹/국장) / 박○○(농식품부/과장) | * 질의응답 포함 |
| 〈폐회〉 | | | |
| 15:30 | | 폐회 및 정리 | − |

## ■ 향후계획

 ● 정부는 포럼에서 논의된 반려동물 산업 관계자와 전문가들의 다양한 의견들을 종합하여, 반려동물 연관산업 분야 법령·제도 등을 개선·정비해 나갈 계획

## 상황보고서

### ⬚ 특징

상황보고서는 회사의 업무와 관련해 내부와 외부의 상황을 공유하고 대응방안을 수립하기 위해 작성하는 보고서입니다. 사업추진 상황, 외부의 환경 및 정세 변화, 재난재해, 위기관리 등을 전달할 때 주로 작성됩니다.

상황보고서는 신속성, 정확성, 간결성을 요하기 때문에 구체적인 사실과 상황을 압축적으로 전달해야 합니다. 특히 호우·대설·화재·사고 등의 경우 현재 사태를 결재권자가 종합적으로 파악해 전략적 의사결정을 신속히 내릴 수 있도록 육하원칙에 따라 빠짐없이 정보를 전달해야 합니다.

단순 상황보고서는 급박한 상황을 빠르게 전달해야 하고 종합 상황보고서는 상황이 종료된 이후 전반적인 분석과 대안을 제시하는 내용이 담겨야 합니다.

📖 형식

| 제목 | – 결재권자가 가장 궁금해할 핵심 내용. 주요 상황을 제목에 기재 |
|---|---|
| 개요 | – 상황의 핵심 내용 및 주요결과 |
| 추진배경 | – 보고를 하게 된 계기, 조건, 이유 등을 설명 |
| 주요상황 | – 상황에 대한 논리적 설명이나 육하원칙에 따른 서술<br>– 중요한 것부터 전달하는 기사 형식이나 시간의 흐름, 이야기의 전말 순서에 따른 스토리 방식 가능 |
| 시사점 | – 상황의 이면에 깔린 흐름과 본질 파악, 평가, 상황에 대한 대응 및 필요 조치 |
| 향후계획 | – 향후 추가적으로 실행해야 할 조치내용 |

📖 예문 — 단순상황보고, 재난 상황

## 국내 구제역 발생에 따른 축산원 가축방역 상황 보고

### ■ 개요

● 구제역 발생 농가

— 경기도 김포시 대곶면 율마로 (양돈 농가, 임○○)

종류별 문해력 키포인트 ●

— 사육 두수: 돼지 917 두

— 임상 증상: (3. 25.) 포유모돈 5두 사료 섭취량 감소 (3. 26.) 모돈 4두 콧등, 발굽 사이, 유두 수포, 이유자돈 10두 발굽 탈락

— 구제역 항원 A형 확진(3. 27.)

## ■ 주요상황

● 가축 등에 대한 전국 일시이동중지(Standstill) 발령 (3. 27.)

— 대상: 전국 우제류 축산농장에 가축 축산 관련 종사자 차량의 출입금지 및 축산 관련 작업장에 축산 관련 종사자 차량 물품 등 이동 금지

— 기간 시간: 3. 27. 12:00 ～ 3. 29. 12:00 (48시간)

● 구제역 위기경보 '심각단계' 발령 (3. 27.)

## ■ 시사점

● 보유 우제류 임상예찰 결과 이상 없음

— 총 3,763 두 (생환부 281, 자개부 1,788, 가축센터 612, 한우연 602, 난축연 480)

— 한우 941, 젖소 358, 돼지 2,109, 사슴 92, 염소 및 면양 263

## ■ 향후계획

- 국립축산과학원 가축질병 위기대응 실무매뉴얼에 의거 방역조치 시행
  — 위기경보: '심각 단계' 상향 발령
  — 일시이동중지 발령기간 가축사육단지내 근무자 51명 잔류 출퇴근 금지
  — 기존 O형 단가백신 부서: 2가 (A+O형) 백신접종 실시 (3. 28.~29.)
  — 축사 외부 3회/일, 축사내부 1회/일 소독

📖 예문 — 종합상황보고, 재난 상황

## 「22년 경북·강원 대형산불」 '시사점 분석 및 개선대책' 마련

산림청은 최근 대형산불 발생 여건과 대응과정을 짚어 보고, 앞으로 더욱 철저한 대비태세를 갖추기 위해 4월 31일 개선대책을 발표할 계획이다. 개선대책에는 ① 산불에 관한 대응경과, ② 진화과정에서 나타난 시사점, ③ 산불피해지 복구·복원 ④ 동해안 지역 산불예방 긴급 조치 등이 포함될 예정이다. (개요)

올해는 50년 만에 최악의 겨울 가뭄으로 산불이 초겨울부

터 다수 발생해 3월 말까지 발생한 산불은 304건(1. 1.~3. 30.)으로 전년 동기(167건) 대비 1.8배 증가했다.

특히, 3월 4일부터 5일까지, 2일간 발생한 경북(울진, 삼척)·강원(강릉·동해, 영월) 지역의 동시다발 산불은 강풍(최대 풍속 26m/s)으로 인해 대형산불로 확산되었으며, 인명피해 없이 산림 2만 1천ha, 주택 322채와 농업시설 281동 등의 잠정 피해를 냈다.

산불 진화를 위해 산림청 헬기는 물론 경북과 강원 외에도 다른 지방자치단체, 국방부, 소방청, 경찰청 등 여러 부처 소속 헬기 821대(누계)와 진화인력 71,527명(연인원)이 투입되었으며, 국가기간시설인 한울 원자력발전소와 삼척 LNG 생산기지를 안전하게 보호했고, 소중한 울진 소광리 금강송 군락지를 화마로부터 지켜 낼 수 있었다.

2차 피해예방을 위한 피해산림 응급 복구를 위해 집중호우로 토양유실 등 2차 피해가 우려되는 지역을 대상으로 산사태 예방사업을 실시했다. **(주요상황)**

올해는 지난해보다 2배가량 많은 산불이 동시다발적으로 발생하여 진화자원 부족으로 인한 산림 등의 피해가 늘어났다. 경북·강원 산불 시 진화 헬기 가동률이 저하(47.7%, 3. 4~13.)되었고, 산불 장기화로 인한 전문 진화인력의 피로도 누적되었다. 또한, 경북·강원 동해안은 산불에 취약한 소나무림이

폭넓게 분포되어 있는 데다 험준한 산악지형으로 진화에 어려움이 많았다. **(시사점)**

4월에는 강풍이 많이 불기 때문에 조그마한 불씨 하나가 대형산불로 확산될 수 있으므로 동해안 지역을 중심으로 선제적 산불예방 조치를 시행할 계획이다. 또한, 현장 계도·단속을 강화하고, 산림·연접지에는 불법소각을 전면 금지(~5. 15까지)하며 산불에 강한 내화 수림대(연간 350ha)를 확대 조성할 계획이다.

산불발생 시 초동진화를 위해서는 산불진화헬기 확보와 가동률이 매우 중요하다. 산림청 헬기는 조기 정비를 통해 가동률을 높이고, 지자체 임차 헬기 비용을 지원하며, 군·경찰 등에 밤비버킷*을 지원하여 헬기자원을 확보할 계획이다. **(향후계획)**

임○○ 산림보호국장은 "이번 산불진화에 많은 지원을 해준 여러 중앙 부처와 지방정부, 그리고 산불진화대와 지역주민 여러분께 감사드린다"고 말하고, "5월까지는 대형산불 위험이 계속될 것이기 때문에 경각심을 늦추지 않고 국가와 국민이 한뜻으로 산불예방에 최선을 다할 것"이라고 강조했다. **(추진배경)**

　　　* 밤비버킷: 헬리콥터로 산불 진화용 물을 담고 산불 현장에 뿌리는 장비

# 경북·강원 대형산불 피해현황 및 대응조치 보고

## ■ 개요

- 경북·강원 지역에서 발생(3. 4.~3. 5.)한 대형산불로 인한 피해현황 및 대응조치와 함께 후속조치 보고
  - ① 산불에 관한 대응경과 ② 진화과정에서 나타난 시사점 ③ 산불피해지 복구·복원 ④ 동해안 지역 산불예방 긴급 조치 등

## ■ 추진배경

- 5월까지 대형산불 위험이 계속될 것으로 전망됨에 따라 산불예방 대비태세 점검 및 개선대책 마련 필요
  - 대형산불 대비태세 개선대책 발표할 예정(4. 31.)

## ■ 주요상황

- (피해현황) 경북(울진·삼척)·강원(강릉·동해·영월) 지역 산불이 강풍으로 인해 대형산불로 확산되어 피해 발생
  - 2022. 1분기 전국에서 발생한 산불은 304건으로 전년 동기(167건) 대비 1.8배 증가
  - 인명피해 없이 산림 21,000ha, 주택 322채와 농업시

설 281동 잠정 피해

● (대응조치) 산림청 등 소속 헬기(누계 821대)와 진화인
력(연인원 71,527명) 투입해 한울 원자력발전소 등 국가기
간시설과 울진 소광리 금강송 군락지 보호

— 집중호우로 인한 토양유실 등 2차 피해가 우려되는
지역을 대상으로 산사태 예방사업 등 피해산림 응급복
구 조치 실시

■ **시사점**

● 경북·강원 산불 시 진화 헬기 가동률 저하(47.7%, 3.
4.~13.) 및 전문 진화인력 부족 등으로 산림 피해 증가

● 경북·강원 동해안은 산불에 취약한 소나무림이 폭넓
게 분포되어 있고 험준한 산악지형으로 진화에 어려움이
많음

■ **향후계획**

● (산불예방) 4월에는 강풍이 잦아 대형산불로 확산될 수
있으므로 동해안 지역을 중심으로 선제적 조치 시행

— 현장 계도·단속 강화, 산림·연접지 불법소각 전면 금
지(~5. 15.), 내화 수림대 연간 350ha 확대 조성 등

● (초동진화) 산불 진화 헬기 추가 확보 등을 통해 초기

대응력 강화

— 산림청 헬기 조기 정비를 통해 가동률 제고, 지자체 임차 헬기 비용 지원, 군·경찰 등에 밤비버킷을 지원하여 헬기 자원 확보 등

## 우크라이나 사태의 경제적 영향 보고

### ■ 개요

● 기재부 주관 '우크라이나 사태 비상대응 TF'를 개최(22. 2. 4.)해 우크라이나 사태 관련 주요 동향 및 실물경제·금융시장 등 영향을 점검하고, 향후 대응방향 논의

— 과기정통부, 외교부, 농림축산식품부, 산업통상자원부, 금융위원회, 금융감독원 참석

### ■ 추진배경

● 우크라이나의 정세불안*은 에너지·원자재, 금융시장 및 실물경제에 리스크 요인으로 작용할 가능성이 있어 예의주시할 필요

* 러시아·NATO의 러시아 접경지대 병력 배치, 파병에 대비한 미국의 비상대기 명령, 유엔 안전보장이사회 차원의 공개 논의, 미·러 정상의 강경 입장 발표 등

● 우크라이나 사태에 대한 선제적 대응을 위해 '우크라이

나 사태 비상대응 TF' 중심의 범정부 대응체계 본격 가동

— TF 산하 공급망·실물경제·거시금융 등 점검반에서 분야별 상황을 실시간으로 점검하는 한편 단계별·분야별 대응계획을 마련

## ■ 주요상황

● (에너지·원자재) 가격 변동성은 다소 확대되었으나 사태의 직접적인 영향으로 보기 어려우며, 에너지 재고·비축 물량 등 감안 시 단기적으로 직접적 영향은 작을 것으로 전망

● (금융시장) 국내 금융회사의 대 러시아·우크라이나 익스포저(전체 해외 익스포저 중 0.4%) 수준 고려 시 직접적 영향은 미미할 것으로 예상

● (실물경제) 견조한 흐름*을 이어가고 있으며, 러시아·우크라이나와의 교역비중 등을 감안 시 단기간 내 직접적 영향이 가시화될 가능성은 낮음

* 22. 1. 수출입 동향에 따르면 에너지 가격 상승 등 일시적 요인으로 무역수지가 적자를 기록하였으나, 수출은 전년대비 15.2% 상승하며 1월 기준 역대 최대치를 기록

## ■ 시사점

● 최근 긴장 고조에도 불구하고 아직까지 경제적 영향은 제한적이나, 정세불안이 심화·장기화될 시 공급망, 금융·실물 등 다양한 경로를 통해 경제전반에 악영향 미칠 가능성 상존

## ■ 향후계획

● (에너지·원자재) 국제원자재 모니터링 강화, 국내 비축유 등 정부비축물량 재고상황 점검, 수급차질 발생 시 비축유 긴급대여 등 신속 대응

● (금융시장) 금융시장 안정화를 위해 실시간으로 국내외 금융·외환시장 동향 모니터링 및 시장안정 조치 적기 시행

● (실물경제) 수출 애로 및 현지생산 차질 문제를 면밀히 점검, 피해 우려기업 중심으로 판로·금융 지원 및 현장애로 해소

● TF 분과별 점검결과를 토대로 종합 대응계획을 마련하고, 대외경제안보전략회의('22. 2.)에서 이 계획을 논의·확정할 예정

# 결과보고서

## 📖 특징

결과보고서는 완료된 사업의 결과를 결재권자에게 보고하고 후속조치에 대한 판단을 구하는 보고서입니다. 사업을 하기 전엔 기획보고서, 진행 중엔 상황보고서, 완료한 뒤엔 결과보고서, 이런 프로세스로 사업과 보고서의 관계가 형성됩니다. 기획보고서에 대한 결과보고서는 현황, 문제점, 추진결과의 논리 패턴으로 정리하고 계획보고서에 대한 결과보고서는 추진결과만 정리합니다.

## 📖 형식

| | |
|---|---|
| 제목 | - 결재권자가 가장 궁금해할 핵심 내용. 주요 결과를 제목에 기재 |
| 개요 | - 결과의 핵심 내용 및 결재권자가 판단할 내용 |
| 추진배경 | - 보고나 사업추진을 하게 된 계기, 조건, 이유 등을 설명 |
| 현황 및 문제점 | - 기획보고서와 동일<br>- 계획보고서에 대한 결과보고서는 목차명이 추진내용 |
| 추진결과 | - 과제 목표와 현실 사이의 차이를 줄인 결과 |
| 기대효과 | - 기획보고서와 동일 |
| 향후계획 | - 향후 추가적으로 실행해야 할 조치내용 |

📖 예문 — 계획보고서에 대한 결과보고서

## 스트리밍 방식을 활용한 페이스북 라이브 방송 운영성과

### ■ 개요

● 최근 실시한 페이스북 라이브 방송 활용 정책소통 운영 성과 분석 및 발전방안 모색

● 운영채널: 페이스북

● 운영기간: 1. 31. ~ 6. 30.

● 주기/횟수: 격주 수요일 / 10회

● 운영형식: 실시간 라이브 생방송

### ■ 추진결과

● 접속자 총 455,300명 도달

| 구분 | 홍보주제 | 게시물 성과 |
|------|----------|-------------|
|      |          |             |
|      |          |             |

● 기관 페이스북 운영성과 개요

― 팔로워 수 점진적 증가 1,509↑

― 페이지 조회 전년 동기간과 페이지 조회 변동추이는 유사

● 라이브 방송과 기타 제작형식(영상, 카드뉴스)의 효과 비교분석

　　― 1회 평균 도달 지수: 정책토크쇼(81,843) 〉 정책소개 영상(73,438) 〉 라이브 정책방송(45,530)

　　― 자율적으로 진행하는 토크쇼 형식 또는 정책홍보 영상에 대한 반응이 라이브 방송보다 높게 반응

## ■ 향후계획

● 다른 제작형식 대비 효과가 적은 라이브 방송 제작 횟수 축소

　　― 현행 월 2회 라이브 방송은 완성도 있는 콘텐츠 제공에 한계

　　― 라이브 방송 횟수를 월 1회로 축소하되 보다 많은 이용자들이 참여 가능한 재미있는 진행형식 발굴

● 라이브 방송채널을 페이스북에서 유투브로 변경

　　― 최근 이용자 수 감소 등 성장세가 둔화된 페이스북 대신 20대가 많이 접근하는 유튜브 적극 활용

📖 예문 — 기획보고서에 대한 결과보고서

## 시간강사 법적 지위 부여받는다

대통령 직속 사회통합위원회(사통위)가 25일 대학 시간강사를 고등교육법상 '교원'으로 인정하는 개선안을 발표하면서 일명 '보따리장수'로 불리는 시간강사들의 처우가 개선될지에 관심이 쏠리고 있다. (개요) 올 5월 조선대의 한 시간강사가 열악한 처우 등을 비관해 자살하면서 이들의 문제가 사회적 이슈로 떠올랐다. (추진배경)

7만여 명에 달하는 대학시간강사가 고용 불안과 열악한 처우에 시달리고 있어 근본적인 대책이 필요한 상황이다. 국회에서의 장기간 논의 및 관련 법률안 입법예고 등에도 불구하고 이해당사자의 반발이 더욱 조직화·강경화되는 등 상황이 악화되고 있다. 특히 교양과목의 51%, 전공과목의 36%를 전임 교원이 아닌 비정규 시간강사가 각각 담당하고 있는 현실에서 대학교육의 책임성이 실종됐다는 비난을 받아왔다.

시간강사의 88%는 학기별로 계약을 한다. 그만큼 고용이 불안하다. 다음 학기에 대한 기약이 없고, 방학기간 내 조교의 전화를 기다리며 고용 불안에 시달리고 있다. 시간당 강의료도 평균 3만 5,000원으로 전임강사의 4분의 1 수준이다. 주 9시간 기준 평균연봉(1,026만 원)은 도시 근로자 최저생계비

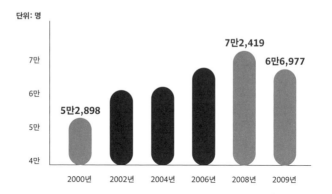

**시간강사 수 10년 전에 비해 늘었지만**

단위: 명

- 7만2,419
- 6만6,977
- 5만2,898

7만
6만
5만
4만

2000년  2002년  2004년  2006년  2008년  2009년

**평균 연봉 전임강사의 23%에 그쳐**

단위: 원, ( )안은 전임강사 대비 비율(%)

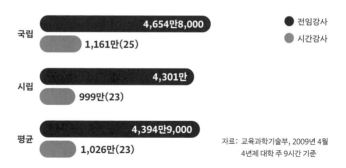

- ● 전임강사
- ● 시간강사

국립
4,654만8,000
1,161만(25)

시립
4,301만
999만(23)

평균
4,394만9,000
1,026만(23)

자료: 교육과학기술부, 2009년 4월
4년제 대학 주 9시간 기준

(1,600만 원, 올해 4인 가족 기준)에도 못 미친다. 4대 보험 가입률도 국민연금 6%, 건강보험 2.6%, 고용보험 50.4%, 산재보험 72.6% 등에 불과하다. **(현황 문제점)**

사통위는 23일 이 같은 문제 해결을 위해 시간강사에 대한

법적 지위 부여·고용 안정성 확보·열악한 처우 개선 등을 내용으로 하는 대학시간강사 제도 개선방안을 마련했다. **(개요)** 이 개선방안은 지난 6월 8일 '대학시간강사 대책 특별위원회'에서 각계의 의견을 수렴한 후 공개 토론회를 거친 것이다. **(추진 배경)**

◇ 법적 지위 부여 = 현재 고등교육법상 시간강사 제도는 폐지된다. 그동안 시간강사들의 숙원이었던 법적 지위 확보를 위해 법 개정을 통해 강사를 고등교육법상의 교원으로 인정한다. 채용조건과 신분보장 복무 등 교원으로서의 지위와 신분의 본질적 부분에 대해서는 법률로 규정한다. 기타 사항들은 대학에서 자율적으로 강사의 교원 지위와 신분을 존중하여 투명한 임용과 적절한 대우가 이루어지도록 정관, 또는 학칙으로 규정토록 한다. 앞으로는 강사도 연구 책임자로 인정해 연구비를 지원할 수 있도록 하고 한국연구재단 등 국가연구비 지원 사업 참여시 차별을 받지 않도록 하게 된다.

◇ 고용 안정성 확보 = 시간강사의 고용 안정성 확보를 위해 현행 학기 단위 계약을 고등교육법상 최소 1년 이상의 기간을 정해 임용토록 했다.

◇ 처우 개선 = 도시근로자 최저생계비보다도 낮고 전임강사 보수의 4분의 1 수준인 열악한 처우 개선을 위해 국공립대의 경우 오는 2013년까지 시간당 강의료를 현재의 4만 3천

원에서 8만 원까지 인상토록 추진한다. 이렇게 되면 주당 9시간 강의를 하는 시간강사는 연봉 2,200만 원을 받는 셈이다. 이 액수는 국공립대 전임강사 평균 연봉의 절반에 해당된다. 시간강사 강의료를 인상하는 대학에는 강사 연구보조비를 인센티브로 지원하는 방식으로 사립대의 자발적인 참여를 유도하기로 했다. 이 밖에 사회통합위는 시간강사들의 4대 보험(건강보험·고용보험·산재보험·국민연금) 가입률을 높이기 위해 사용자 측 부담금을 국가 예산으로 지원하고 관련법을 개정해 사각지대를 해소하는 방안도 추진하기로 했다. **(추진결과)**

사회통합위원회는 이 같은 대학시간강사 제도 개선을 위해 국회에 이미 제출된 2011년 예산은 교육과학기술부를 통해 국회와 협의토록 하고, 2012년 이후에는 교육과학기술부가 기획재정부와 협의토록 할 예정이다. **(향후계획)**

## 대학 시간강사 제도 개선방안 결과보고

### 1. 개요

■ 시간강사의 열악한 처우 문제를 해결하기 위해 법적 지위 부여·고용 안정성 확보·열악한 처우 개선 등 대학시간강사 제도 개선방안 마련

■ 사회통합위원회는 이 개선방안을 교육과학기술부와 협

의 후 교과부가 추진토록 할 예정

## 2. 추진배경

■ 올 5월 조선대 한 시간강사가 열악한 처우 등을 비관해 자살하면서 시간강사 문제가 사회적 이슈로 부상

■ 지난 6월 8일 제2차 정기회의 직후 구성된 '대학시간강사 대책 특별위원회'에서 각계의 의견을 수렴한 후 공개 토론회를 거쳐 마련

## 3. 현황

■ 대학교육의 상당 부분을 비정규 시간강사가 담당하고 있는 현실에서 대학교육의 책임성이 실종됐다는 비판

• 시간강사 수는 약 7만 명으로 10년 전 약 5만 3천 명에 비해 약 1만 7천여 명 늘어나 교양과목의 51%, 전공과목의 36%를 담당

## 4. 문제점

■ 대학 시간강사가 고용 불안과 열악한 처우에 시달리고 있어 근본적인 대책이 필요한 상황

• 평균 연봉은 1,026만 원으로 도시근로자 최저생계비 (1,600만 원)보다도 낮고 전임강사 4,394만 원의 23% 수준

● 4대 보험 가입률도 국민연금 6%, 건강보험 2.6%, 고용보험 50.4%, 산재보험 72.6% 등에 불과

● 학기 단위로 계약하는 비율이 약 88%에 달해 다음 학기에 대한 기약이 없고, 방학기간 내 조교의 전화를 기다리며 고용 불안에 시달림

■ 국회에서의 장기간 논의 및 관련 법률안 입법예고 등에도 불구하고 이해당사자의 반발이 더욱 조직화·강경화되는 등 상황이 악화

## 5. 추진결과

■ (법적 지위 부여) 시간강사들의 숙원이었던 법적 지위 확보를 위해 법 개정을 통해 강사를 고등교육법상의 교원으로 인정

● 현재 고등교육법상 시간강사 제도는 폐지하고 채용 조건·신분 보장·복무 등 교원 지위와 신분의 본질적 부분에 대해 법률로 규정

● 기타 사항들은 대학에서 자율적으로 강사의 교원 지위와 신분을 존중하여 투명한 임용과 적절한 대우가 이루어지도록 정관, 또는 학칙으로 규정

● 강사를 연구 책임자로 인정, 연구비를 지원할 수 있도록 추진하고 한국연구재단 등 국가연구비 지원 사업 참여

시 차별 받지 않도록 할 예정

■ (고용 안정성 확보) 현행 학기 단위 계약을 고등교육법상 최소 1년 이상의 기간을 정해 임용

■ (처우 개선) 국공립대의 경우 오는 2013년까지 시간당 강의료를 현재의 4만 3천 원에서 8만 원까지 인상

● 주당 9시간 강의하는 강사는 연봉 2,200만 원 정도로 전임강사의 절반 수준의 보수를 받게 됨

● 사립대는 강사 연구보조비를 예산에 반영해 처우 개선 인센티브로 지원하는 방안 추진, 시간당 5천 원에서 점차 증액시켜 시간당 2만 원까지 인상

● 단계적으로 4대 보험 사용자 부담분을 국가 예산으로 지원하고 관련법 개정을 통해 사각지대의 실질적 해소 추진

### 6. 향후계획

■ 국회에 이미 제출된 2011년 예산은 교육과학기술부를 통해 국회와 협의

■ 2012년 이후에는 교육과학기술부가 기획재정부와 협의토록 할 예정

# 요약보고서
# 회의보고서

## 요약보고서, 자료요약보고서

### 📖 특징

요약보고서는 전체 보고서 내용을 한 장으로 정리한 'One Page Report'입니다. 공공기관에선 요약전이라 부르기도 하고 민간기업에선 'Executive Summary'라고 부릅니다. 자료요약 보고서는 보고서, 책, 자료, 방송내용을 요약해 전달하는 보고서입니다. 결재권자가 정책적, 사업적 판단을 할 때 참고할 수 있도록 돕는 역할을 합니다. 특별한 형식이 정해져 있지는 않습니다.

# 사행산업 실태 및 향후 정책방향 보고

## 1. 사행산업 현황 및 문제점

- '06년 매출규모는 12.1조 원, GDP 대비 1.4%
- '98년에 비해 매출규모 또는 고객 실지출액 4~5배 증가
- 업종별 근거법률 다양, 관리부처 분산으로 총괄 조정·규제 미흡
- 도박중독률은 선진국에 비해 높으나 예방, 치료, 재활대책 미흡
- 불법사설경마, 경마장 주변 전당사 난립 등 부작용 상당

## 2. 향후 정책방향

- 건전레저산업으로의 발전 기반 조성
  - 통합감독위 구성·운영, 건전발전 종합계획 수립·시행
  - 사행산업 기금관리 및 평가 개선
  - 사행산업 이용실태 정기조사
  - 사행행위 고발신고 센터 운영
- 사행산업의 무분별한 확산 방지
  - 업종 간 통합 또는 총량조정 시행(단계별 대책추진)
  - 사행산업 허가제도 개선

— 투우 등 신규사행산업 진입 엄격 규제

— 사행산업에 대한 광고 등 엄격 규제

● 도박중독 예방·치유기능 활성화

— 배팅한도제한을 통한 중독차단방안 마련

— 〈도박중독 예방·치유센터〉 설치·운영

— 단도박모임 등 민간전문활동 적극 지원

— 사행산업에 대한 대국민 인식전환 홍보·교육 강화


📖 예문 — 자료요약보고서

## KBS 특집 「한국경제 제3의 길」 주요 쟁점별 평가

※ 이 자료는 지난 7. 27~30. 연속 방송된 KBS특집 「한국경제 제3의 길」에서 제기된 주요 쟁점에 대하여 평가한 보고서로서, 국민경제자문회의 사무처가 KDI, 한국은행, 금융연구원 등 연구기관의 의견을 수렴하여 작성한 것입니다.


1. 외국자본이 과도한 상태이며, 금융주권 상실을 우려할 상황인가?

### 가. 방송내용

■ 외환위기 이후 외국자본의 국내 금융시장에 대한 지배력은 높아지고 있어, 이에 따라 금융주권 상실이 우려됨

● 외국인이 국내 주식의 43%, 은행의 30%를 차지, 주요

선진국이나 아시아 국가들에 비해 높음

## 나. 평가

■ 국내 주식시장의 외국인 지분율은 40%를 상회하여 높은 수준

> \* 헝가리(72.6%), 핀란드(55.7%), 멕시코(46.4%)에 이어
> 세계 4위(03년말 기준)

● GDP 대비 외국인 주식보유 비중은 선진국보다는 다소 높으나, 아시아 경쟁국에 비해서는 낮으며, 이는 우리 주식시장 규모가 적기 때문

■ 은행, 증권, 보험 등 금융산업 전 분야에서 외국계 금융기관의 시장점유율이 최근 급격히 상승

● 외국자본이 국내 은행산업에서 차지하는 시장점유율은 선진국(영국 제외) 및 아시아 국가(20% 이하)에 비해 높은 수준이나, 동구 및 중남미 국가보다는 낮음. 대체로 금융위기와 구조조정을 겪은 나라의 경우 민영화 과정에서 외국자본의 점유율이 크게 높아졌음

■ 따라서 현재로서는 외국자본이 과다하여 금융주권 ─ 이 용어 자체의 의미도 분명하지는 않지만 ─ 상실을 우려할 정도는 아닌 것으로 판단됨

● 그러나 국내자본의 은행참여가 제약을 받고 있는 상태\*

에서 외국자본이 국내은행을 인수하는 유일한 세력이므로
향후 외국자본 비중은 늘어날 전망이며, 이에 따른 부작용
에 대한 대비 필요

　　　　　* 동일인 주식보유한도 제한이 국내자본에는 엄격히 적용되나
　　　　　　 외국자본에는 예외 인정


## 회의계획보고서, 회의결과보고서

### 📖 특징

회의보고서는 회의를 시작하기 전과 종료한 후 두 차례 작
성하는 것이 일반적인 경우입니다. 회의계획보고서는 회의에
서 다룰 안건과 자료를 담습니다. 회의결과보고서는 회의의
결과를 체계적으로 정리한 내용을 담습니다. 회의 참석자별로
발언 요지를 정리할 수도 있고 회의 주제별로 여러 참석자의
발언 요지를 묶어 정리할 수 있습니다. 정확한 기록을 남기기
위해 녹취록을 첨부자료로 붙이기도 합니다.

〈회의계획보고서〉

| 제목 | – 회의에서 공유(의견수렴·의사결정)할 정보(사안)가 드러나게 작성 |
|---|---|
| 추진배경 | – 배경: 이 회의를 하게 된 계기, 조건, 경과<br>– 목적: 회의를 통해 정보를 공유하는 이유, 필요성 |
| 회의개요 | – 일시, 장소, 주재하는 사람, 참석자 |
| 안건 | – 공유 내용은 별도의 설명이 없이도 이해할 수 있도록 상세하게 서술<br>– 안건은 경과와 현황, 쟁점을 파악하도록 자세히 설명<br>– 안건의 내용, 안건의 쟁점사항과 기존 논의 경과, 관련 이해당사자의 입장, 결정 방안별 예상되는 효과와 문제점<br>– 필요할 경우 관련 자료를 첨부<br>– 보안유지 등 유의사항이 포함되도록 작성 |
| 회의순서 | – 시간별 진행 및 내용 |
| 조치사항<br>(행정사항,<br>향후계획) | – 협조내용, 비용 등 예산 처리, 향후계획 등 |

〈회의결과보고서〉

| 제목 | – 회의 결과가 드러나도록 작성 |
|---|---|
| 개요 | – 회의 결과, 회의목적, 핵심 메시지 |
| 회의내용 | – 일시, 장소, 주재하는 사람, 참석자, 안건 |
| 회의결과 | – 논의된 사안을 항목별로 나누어 정리<br>– 회의 결과 요약, 발언 요지, 필요시 상세한 발언록 첨부 |
| 조치사항<br>(행정사항<br>향후계획) | – 협조내용, 비용 등 예산 처리, 향후계획 등 |

📖 예문 — 회의계획보고서

## 녹색제품 구매율 향상을 위한 협업회의 개최 계획

### 1. 추진배경

■ 공공기관 녹색제품 의무구매제도 이행 및 정부합동평가 실적향상을 위하여 협업부서와의 간담회를 실시하여 녹색제품 구매율을 향상시키고자 함

■ 추진근거: 「녹색제품 구매촉진에 관한 법률」제6조(공공기관의 녹색제품 구매의무)

### 2. 회의 개요

■ 일시: 4. 10. / 4. 17. / 4. 24. (3일간), 14:00~15:00

■ 장소: 시청 2층 상상터

■ 참석자: 회계 및 물품 구매 담당자(부서별 1명 이상 참석필)

| 일시 | 해당부서 |
|---|---|
| 2018. 4. 10. | 주민자치국, 경제재정국, 복지문화국 |
| 2018. 4. 17. | 도시교통국, 안전행정국, 균형발전사업단 |
| 2018. 4. 24. | 환경국, 보건소, 평생교육원 |

### 3. 안건

■ 2017년 녹색제품 구매율은 38.74%로 경기도 내 28위였음

239                          종류별 문해력 키포인트                    ●

| 녹색제품 구매금액(A) | 총 구매액(B) | 구매율 = (A/B)×100 |
|---|---|---|
| 10,694,414 | 27,604,700 | 38.741% |

**※ 녹색제품 구매비율 정부합동평가 방식**

— 평가 산식: (녹색제품 구매금액 / 총 구매금액) × 100(%)

— 평가 대상: 조달청, 녹색장터 등을 통해 구매하는 물품 총 금액

— 평가 기준일: 2018. 12. 31. 기준

■ 2018년 녹색제품 구매율 목표: 40% 이상 달성함으로써 17위 이내 진입 목표

■ 2018년 녹색제품 구매율 제고를 위한 방법 도출

■ 각 부서 녹색제품 구매 협조

■ 녹색제품 미구매시 구매 예외 실적 제출 안내

## 4. 회의순서

| 시간 | | 소요시간(분) | 내용 | 비고 |
|---|---|---|---|---|
| 14:00 | 14:05 | 5 | 인사말 | 국장 |
| 14:05 | 14:25 | 20 | 녹색제품 구매 관련 보고 | 담당자 |
| 14:25 | 14:55 | 30 | 회의 | 참석자 |
| 14:55 | 15:00 | 5 | 질의&응답 및 마무리 | 국장 |

## 5. 행정사항

■ 녹색제품 구매

- 조달청 나라장터 종합쇼핑몰(http://shopping.g2b.go.kr) 이용
  - 녹색장터(http://shop.greenproduct.go.kr/) 이용
  - 친환경e-마켓(http://okeco.co.kr/) 이용
- 녹색제품 미구매 시(의무구매 예외사항 해당 시)
  - 구매실적 수정요청 사유서 및 조달청 분할납품요구 및 통지서 제출(온메일로)

  **(※ 의무구매 예외사항 별첨)**


📖 예문 ─ 회의결과보고서

## 미세먼지 및 하천 생태 관련 유관기관 회의 결과보고

### 1. 개요
- 미세먼지 저감 관리 방안, 하천 생태모니터링, 저수지 수질관리 대책 등에 관해 유관기관과 논의하고 협업 과제를 공유했음

### 2. 회의내용
- 일시: 8. 16.(화) 14:00 ~ 15:30
- 장소: 환경관리센터 세미나실
- 참석자: 시청 6명, 유관기관 5명(지속협의회, 환경운동

연합, 녹색환경지원센터, EIP사업단, 농촌공사)

■ 회의 안건: 미세먼지 저감 및 관리강화, 하천 생태모니
터링

### 3. 회의 결과

**■ 미세먼지 저감 및 관리강화 계획**

- 산단 먼지특성 발표 및 논의

  — 산단지역 발전소, 소각장, 도금공장 영향으로 먼지 중
  중금속 다량 포함

  — 산단 배후도시 특성에 적합한 미세먼지 연구과제 추
  진 필요

  — 풍향, 풍속을 고려한 측정망을 5개 이상 설치하여 상
  시감시체계 구축

  — 미세먼지 대책이 포함된 통합환경관리법 등 법제도
  강화 추세

  — 화물차량 통행에 의한 도로 먼지 발생에 대한 대책 필요

- 시민 대상 환경교육 사업 실시로 미세먼지 유해성 홍보

  — 교통정책과의 운전자 교육 시 노후 경유차 먼지 발생
  위해성 교육 추가

  — 미세먼지와 건강의 관련성을 초록배움터 교육과정에
  포함

- 대규모 공사장 발생 미세먼지 저감 대책
  — 날씨에 맞춘 살수 횟수 증가, 세륜시설 설치 등 법적 제도 강화 필요
  — 비산먼지 사업장과의 협약을 통한 세륜 강화, 살수차 운행횟수 증가 필요

## ■ 하천 생태모니터링

- 생태모니터링 조사
  — 전문가 모니터 분기별 1회, 시민 모니터 월 1회 방식으로 생태교육, 생태지도 제작, 수생물 변화 등 조사방법 의견 제시
  — 주민편의시설 설치 시 수변에 미치는 영향, 갈수기와 장마철 유량에 따른 부분을 고려하여 생태조사 시행
- 저수지, 하천 수질관리
  — 저수지 상류에 수질정화습지 조성계획 수립 추진 중 (농어촌공사)
  — 주변 자연부락의 하수차집을 장기적으로 추진하여 오염원 저감
  — 시료 채취 지점을 농어촌공사 및 시와 협의하여 상류와 하류에 적절히 조정
  — 도로로 단절된 저수지 일부 호수의 정화대책을 시에서 추진하도록 협조

― 낚시터 관리 시 떡밥과 농약 사용 제한, 낚시제한구역
지정 등 수질관리대책 논의

## 4. 행정사항

■ 간담회에서 논의된 의견 중 시행 가능한 사항은 협업과
제에 반영

■ 미세먼지 저감 계획과 관련하여 주민 악취 모니터요원
과 간담회 추진

보도자료

### 📖 특징

보도자료는 회사나 조직이 한 일을 언론에 알릴 때 작성하는 문서입니다. 지식정보화 시대는 사업을 운영하는 데 따르는 여론과 평판이 무엇보다 중요합니다. 여론과 평판이 우호적으로 형성되지 않고는 사업을 시작할 수도, 진행할 수도 없습니다. 과거에 홍보는 부차적인 결과물로 간주됐지만 지금은 사업의 완성이라 말할 수 있습니다. 홍보가 성공해야 그 사업도 성공할 수 있다는 의미입니다. 그만큼 홍보의 중요성이 커지고 있습니다.

홍보를 할 수 있는 방법은 크게 나눠 기사와 광고입니다. 광고는 비용을 지불하면 광고물을 내보낼 수 있지만 기사만큼 신뢰성이 높지는 않습니다. 기사는 비용을 지불하지 않지만 기사 가치, 즉 뉴스 밸류(news value)가 있어야만 신문이나 방송에 실립니다. 뉴스 밸류가 높은 아이템을 선정해 이를 효과적으로 전달하는 보도자료를 작성해야만 언론의 주목을 받을 수 있습니다.

뉴스 밸류는 몇 가지로 나눌 수 있습니다. 첫째, 시사성이 있어야 합니다. 사람들의 관심사에 부합해야 한다는 의미입니다. 어떤 아이템을 정했을 때 사람들의 관심이 쏠리는 트렌드와 결부시켜 표현하면 가치가 상승합니다. 시기를 놓치지 않아야 합니다. 머리기사가 될 수 있는 아이템도 하루 이틀이 늦으면 단신으로도 쓸 수 없게 됩니다.

둘째, 특이성이 있어야 합니다. 평범한 내용은 독자의 주목을 끌 수 없습니다. '개가 사람을 물면 뉴스가 안 되지만 사람이 개를 물면 뉴스가 된다'는 언론계 속설이 있을 만큼 범상치 않은 내용을 다루는 것이 좋습니다. 최고, 최초, 최대의 '최씨 3형제'를 아주 좋아합니다. 홍보하려는 내용이 이 가운데 하나에 해당한다면 기사화될 확률은 매우 높아집니다.

셋째, 보편성이 있어야 합니다. 가급적 많은 사람의 삶에 영향을 미치면 미칠수록 큰 뉴스가 됩니다. 최고급 승용차 페라리의 가격이 수천만 원 오른 것보다 시내버스 요금 100원 인상이 훨씬 비중 있는 아이템입니다. 아울러 지리적으로 거리가 가까울수록 뉴스 밸류는 커집니다. 그리스의 IMF 구제금융 신청보다 한국은행 금융통화위원회의 기준금리 0.5퍼센트 인상이 더 비중이 높습니다.

넷째, 서사성이 있어야 합니다. 서사의 한 측면은 위기, 갈등입니다. 재난, 재해나 사건, 사고 등이 벌어지면 평소에 거의 뉴스를 보지 않던 사람들도 하루 종일 신문과 방송의 속보를 찾아봅니다. 위기와 갈등이 심할수록 언론의 존재감은 더욱 커집니다. 회사나 조직의 입장에선 언론의 이런 특성을 유의해야 합니다. 부정적 이슈가 발생했을 때 사실 이상으로 부풀려져 억울하게 매도당하지 않기 위해 위기관리 시스템과 매뉴얼을 만드는 이유가 여기에 있습니다.

서사의 다른 측면은 감동, 안타까운 사연입니다. 미디어는 미담이나 입지전 등 감동적인 사연을 아주 선호합니다. 안타까운 사연이 있으면 최대한 지면을 할애해 알리거나 기금모금 캠페인을 벌입니다. 사업 결과를 보도자료로 알릴 때 예산, 대상, 기대효과 등 일반적, 추상적 내용뿐 아니라 그 사업을 통해 실제로 도움을 받거나 삶이 변화된 사람의 구체적인 사연을 발굴해 전달한다면 언론의 주목을 받게 됩니다. 언론은 이렇게 양날의 칼과 같기 때문에 치밀한 접근 전략이 필요합니다.

보도자료를 작성하는 원칙도 몇 가지로 나눠 살펴보겠습니다.

첫째, 내용입니다. 육하원칙을 최대한 활용하면 구체성도 높이고 핵심도 드러나게 됩니다. 회사나 조직의 입장에선 중요한 아이템이기 때문에 보도자료를 내보냅니다. 그러나 그것이 꼭 언론 입장에서도 중요한 아이템이 되는 것은 아닙니다. 언론 입장에서 뉴스 밸류가 있는지 역지사지가 필요합니다.

무엇보다 중요한 것은 기사를 읽는 독자의 입장에서 어떤 이익이 되는지를 설득력 있게 보여 줄 필요가 있습니다. 객관적 자료를 바탕으로 사실 위주로 작성해야 합니다. 보도자료는 대부분 사실을 전달하는 글쓰기입니다. 의견은 보도자료의 말미 발언 인용 부분에 최소화해 표현합니다.

둘째, 표현입니다. 보도자료는 카피, 키워드, 사례가 잘 드러나야 합니다. 보도자료를 A4 용지에 인쇄했을 때 맨 위 가로에 카피형 제목이, 왼쪽 세로에 핵심 키워드가, 중간에 흥미로운 사례가 온다면 최고의 지면 전략을 구사한 것입니다. 이 세 가지는 독자를 사로잡고 독자의 기억에 오랫동안 남습니다.

의견과 느낌을 최소화하고 형용사, 부사, 미사여구 등 꾸미는 표현을 배제하는 것이 좋습니다. 주어, 목적어, 보어, 서술어 등 문장의 기본요소를 활용해 객관적 사실을 묘사하는 것을 하드보일드(hard-boiled) 문체라고 합니다. 미국 헤밍웨이나 우리나라 김훈 소설가의 문체를 떠올리면 쉽게 이해될 것입니다. 두 소설가의 공통점은 모두 기자 생활을 했다는 사실입니다. 문장은 내용을 탁탁 끊어내듯 쓰고 두 줄을 넘지 않는 단문이 좋습니다. 한 문단엔 3~4개의 문장을 담아냅니다.

셋째, 주의사항입니다. 어떤 회사의 보도자료에 보면 '밝혔다(밝혀졌다)', '알렸다(알려졌다)', '전했다(전해졌다)' 등으로 문장이 종결되는 경우가 있습니다. 이런 문장은 기사를 흉내내는 것입니다. 기자는 정보를 전달하는 사람으로서 자신의 기사가 어느 정도 신뢰 수준인지를 알려야 합니다.

사실관계가 명확할 때는 '밝혔다(밝혀졌다)', 사실관계는 확인하지 못했지만 여러 정황상 사실일 가능성이 높을 때는 '알렸다(알려졌다)', 직접 취재한 것이 아니라 다른 사람의 정보를 전달하는 것이라면 '전했다(전해졌다)' 등으로 씁니다. 보도자료엔 그런 신뢰 수준의 확인이 필요하지 않습니다. 그냥 정보를 생산하는 당자적 관점에서 이런 꼬리표를 달지 않고 '~ 했다'라고 쓰면 됩니다.

보도자료 말미 발언 인용 부분에 '~ 한 관계자는'이라고 쓰는 경우도 많습니다. '한 관계자는' 언론에 정보를 준 사람이 신분이 드러나 불이익을 받는 것을 막기 위해 취재원을 익명 처리를 할 때 쓰는 표현입니다. 보도자료엔 익명 처리가 필요하지 않습니다. 반드시 실명을 표기해야 합니다. 특정한 전문

종류별 문해력 키포인트

분야라면 실무 책임자의 이름을, 회사나 조직 전반의 방향이라면 대표자의 이름을 올리는 것이 전략적입니다.

보도자료는 작성보다 편집에 가깝습니다. 보도자료를 작성할 때는 이미 보고서 등에 관련 내용이 다 준비돼 있습니다. 거기서 핵심(야마)을 발견해 제목과 전문을 만들고 핵심을 중심으로 본문과 인용을 배열하는 것입니다. 테이블 위에 평평한 보자기를 올려놓는 방식으로 쓰는 것은 기록입니다. 그 보자기에서 핵심을 발견해 손으로 집어 올리면 꼭짓점을 중심으로 보자기가 딸려 옵니다. 보도자료는 이렇게 꼭짓점 방식으로 내용을 편집합니다.

## 📖 형식

| | |
|---|---|
| 제목 | – 제목이 절반이라고 할 만큼 보도자료에서 제목이 차지하는 비중은 절대적. 제목은 기사의 핵심이나 가장 흥미로운 내용을 담아야 함<br>– 주제목(headline)은 독자의 이목을 끌 수 있도록 비유적 표현을 쓰거나 말의 라임(rhyme)과 리듬을 살리는 카피(copy)적 표현을 사용<br>– 부제목(subtitle)은 보도자료에서 가장 중요한 정보를 전달<br>– 독자는 제목에 따라 본문을 해석하기 때문에 제목을 어떻게 다느냐가 보도자료의 각도(angle)를 좌우<br>– 제목은 짧으면 짧을수록 임팩트가 높아짐. 길어도 15자를 넘지 않는 것이 좋음 |

| | |
|---|---|
| 전문<br>(lead) | – 보도자료의 첫 번째 문단이 바로 전문<br>– 주로 육하원칙으로 내용을 구성하는 경우가 많음<br>– 제목처럼 기사의 핵심이나 가장 흥미로운 내용을 담아야 하지만 제목과 내용이 중복되지 않도록 해야 함<br>– 독자에게 가장 유용한 정보가 전문에 들어가는 것이 좋음<br>– 전문은 두세 문장 정도 분량이 적절<br>– 여러 가지 아이템을 다루는 보도자료의 경우 전문에 전부 넣을 것이 아니라 가장 임팩트 있는 한 가지만 골라서 넣어야 함 |
| 주문<br>(body) | – 제목과 전문에서 표현된 핵심을 부연 설명해주는 사실(fact), 사례, 통계, 인용, 논리 등으로 주문을 구성<br>– 내용을 단락별 덩어리로 만들어 넘버링하고 서너 개 덩어리의 범위에서 정리<br>논리나 서사의 흐름에 따르기보다는 핵심(야마)과 내용이 가까운 순서로 덩어리를 배열 |
| 발언 인용<br>(quote) | – 보도자료에서 의견을 밝히는 부분<br>– 보도자료에서 관계자나 전문가가 강조하고 싶은 의미, 주장, 계획 등을 담아냄<br>– 하나 마나 한 내용이 아니라 반드시 전달해야 할 내용을 잘 선택 |
| 첨부자료<br>(attachment) | – 보안에 문제가 없다면 보고서 원문을 첨부하는 것이 신뢰성을 높이는 전략<br>– 기자가 기사를 키우고 싶을 때 첨부자료에 있는 내용을 활용<br>– 동영상, 사진, 도표, 그래픽 등 시각적인 자료도 첨부 |

## 제3세계 빈곤 아동을 위해 '연필주머니' 보낸다 (주제목)
## ○○생명, 자원봉사의 날 맞아 동참 (부제목)

1. ○○생명 임직원과 그리고 가족 55명이 한국 ○○ 자원봉사의 날인 '코리아 볼런티어 데이(Korea Volunteer Day)'를 맞아 10일 서울 강남구 역삼동 ○○타워에서 제3세계 빈곤 아동들을 위한 '연필주머니 만들기'에 동참했다. **(전문)**

2. 연필주머니 만들기는 국제NGO 세계교육문화원 WECA(위카)가 봉사자와 함께 고작 연필이 없어서 공부를 하지 못하는 제3세계 빈곤 아동들을 위해 직접 만든 연필주머니에 연필 등 학용품을 담아 전달하는 봉사활동이다.

3. 이날 봉사활동에 참여한 ○○생명 임직원과 가족들의 호응은 매우 뜨거웠다. 연필주머니를 만드는 손길은 서툴지만 내가 만든 연필주머니가 어떤 아이에게는 큰 희망이 될 수 있다는 생각에 참가 모두 정성을 들여 연필주머니를 완성하였다.

4. ○○생명 임직원과 가족들이 만든 연필주머니는 세계교

육문화원 WECA를 통해 제3세계 아이들에게 전달될 예정이다. **(주문)**

5. ○○ 생명 계약서비스팀 안○○ 과장은 "코리아 볼런티어 데이는 매년 6월 한국 ○○ 임직원 및 라이프플래너가 가족, 고객들과 함께 지역사회에서 나눔을 실천하는 날이다. 코리아 볼런티어 데이를 맞아 직장 선후배들과 의미 있는 일에 참여하게 되어 뜻깊었다"며 "앞으로도 부서 직원들과 국내외 소외된 이웃을 위한 적극적인 나눔의 활동을 앞으로도 꾸준히 이어가고 싶다"고 밝혔다. **(발언 인용)**

📖 **예문 — 제목과 전문, 발언 인용**

〈수정 전〉

### ○○ F&B, 라면에 넣어 먹는 토핑용 '○○ 라면참치'
### 살코기 등 3종 소스·야채 넣어 풍미

1. ○○ F&B가 라면에 넣어먹는 토핑용 참치 파우치, '○○ 라면참치' 3종(살코기참치, 고추참치, 치즈참치)을 출시하고 참치의 활용 영역 확대에 나섰다.

2. 'OO라면참치'는 그간 라면과 참치캔 마니아들 사이에서 인기가 많았던 '참치를 라면에 넣어 먹는 레시피'에 착안해 참치의 용도를 더욱 넓히고자 개발한 제품이다. 실제로 지난 3월 타 업체와의 컬래버레이션을 통해 선보인 컵라면 제품, 'OO참치 라면'은 '모디슈머 라면'으로 주목받으며 출시 전부터 SNS에서 큰 이슈가 되었고, 4월 한 달에만 70만 개가 팔리는 등 소비자들의 반응이 뜨거웠다.

3. OOF&B는 'OO참치 라면'을 통해 토핑용 참치의 가능성을 확인하고 'OO라면참치'를 통해 본격적으로 라면 토핑용 참치 시장 개척에 나섰다. 소비자는 'OO라면참치'를 통해 담백한 살코기참치, 얼큰한 고추참치, 고소한 치즈참치 3종을 입맛에 따라 어떤 라면에든 넣어 먹을 수 있다. 또한 라면을 즐기면서 참치의 풍부한 단백질과 오메가-3 지방산 등 다양한 영양 성분도 함께 섭취할 수 있다. (중략)

4. OOF&B의 한 관계자는 "OO라면참치를 통해 라면 시장을 시작으로 참치의 활용 영역을 적극적으로 확대하고자 한다"며 "앞으로 더욱 다양한 용도에 활용할 수 있는 특색 있는 참치 제품을 지속적으로 선보일 예정"이라고 밝혔다.

※ 주제목은 핵심 요약형 부제목으로 가는 것이 좋습니다. 카피형 주제목이 필요합니다. '참치의 활용 영역 확대에 나섰다'는 업계의 관심사일 뿐 이 제품을 구매하려는 소비자에겐 큰 관심을 끌 만한 내용이 아니기 때문에 전문에 오는 것은 바람직하지 않습니다. 더구나 이 부분은 발언 인용 부분에서 다시 중복돼 나옵니다. '한 관계자는'은 실명으로 바꿔야 합니다.

〈수정 후〉

## 라면에 참치는 못 참지 / 이제 라면에 김치 대신 참치 / 피자만 토핑하나 라면도 토핑시대
### ○○F&B, 토핑용 라면 참치 3종 세트 출시

1. ○○F&B가 라면에 넣어먹는 토핑용 참치 파우치, '○○라면참치' 3종(살코기참치, 고추참치, 치즈참치)을 출시했다. '○○참치 라면'은 '모디슈머 라면'으로 주목받으며 출시 전부터 SNS에서 큰 이슈가 되었고, 4월 한 달에만 70만 개가 팔리는 등 소비자들의 반응이 뜨거웠다.

2. '○○라면참치'는 그간 라면과 참치캔 마니아들 사이에서 인기가 많았던 '참치를 라면에 넣어 먹는 레시피'에 착안해 참

치의 용도를 더욱 넓히고자 개발한 제품이다. 실제로 지난 3월 타 업체와의 컬래버레이션을 통해 먼저 선을 보였다.

3. ○○F&B는 '○○참치 라면'을 통해 토핑용 참치의 가능성을 확인하고 '○○라면참치'를 통해 본격적으로 라면 토핑용 참치 시장 개척에 나섰다. 소비자는 '○○라면참치'를 통해 담백한 살코기참치, 얼큰한 고추참치, 고소한 치즈참치 3종을 입맛에 따라 어떤 라면에든 넣어 먹을 수 있다. 또한 라면을 즐기면서 참치의 풍부한 단백질과 오메가-3 지방산 등 다양한 영양 성분도 함께 섭취할 수 있다. (중략)

4. ○○F&B의 홍길동 부장은 "○○라면참치를 통해 라면 시장을 시작으로 참치의 활용 영역을 적극적으로 확대하고자 한다"며 "앞으로 더욱 다양한 용도에 활용할 수 있는 특색 있는 참치 제품을 지속적으로 선보일 예정이라고 밝혔다.

📖 **예문 — 핵심(야마)과 전문**

〈수정 전〉

1. 기획재정부는 8월 17일(월) 방○○ 제2차관 주재로 「제

2차 민간투자활성화 추진협의회」를 개최하였음. 국토부, 환경부, 해수부, 서울시 등 주요 민자사업 주무관청들 KDI, 교통연구원 등 관련기관 참석. 이날 회의에서는 새로운 민자사업 방식을 활용한 "신안산선 복선전철" 및 "경인고속도로 지하화" 추진방안과 기존사업들의 신속한 이행방안이 논의되었음.

2. 신안산선 복선전철의 경우, 주무관청인 국토부는 전체 구간(안산~서울역) 중 안산~여의도 구간을 위험분담형(BTO-rs) 방식으로 우선 추진하는 방안을 보고하였음. 우선협상대상자 선정('16. 下), 사업시행자 지정('17. 上) 등 후속조치가 예정대로 마무리되면 이르면 '17년 하반기에 착공 가능할 전망임.

3. 신안산선이 개통되면, 안산에서 여의도까지 소요시간을 종전 1시간 30분에서 30분대로 1시간 가까이 단축시킬 수 있어 수도권 서남부지역에서 서울로 출퇴근하는 지역주민들의 교통편의가 크게 향상될 것으로 예상됨.

4. 경인고속도로 지하화 사업의 경우, 지난 달 손익공유형(BTO-a) 방식을 활용한 민간제안서가 주무관청인 국토부에 제출된 상태로, 국토부는 올해 말까지 상부구간 활용계획 등

에 대한 조사를 마무리하고, 내년 중 민투심 상정 및 제3자 제안공고를 추진할 계획임.

5. 고속도로를 지화하하며 도시 미관을 해치는 방음벽을 제거하면 소음, 대기오염 등의 문제를 해결할 뿐만 아니라, 남북 간 단절된 도심의 불균형 해소와 도심재생 등을 통한 원도심의 발전을 촉진시킬 수 있을 것으로 기대됨.

> ※ 이 보도자료의 전문은 형식상으로는 큰 문제가 없습니다. 그러나 독자가 가장 알고 싶은 알맹이는 빠져 있고 껍데기에 해당하는 육하원칙 내용만 있습니다. 독자에게 어떤 이익을 줄 수 있는가의 내용이 3번에 담겨 있습니다. 출퇴근 시간이 한 시간 단축된다는 것은 엄청난 뉴스입니다.

〈수정 후〉

3. 신안산선 개통으로 안산에서 여의도까지 소요시간을 종전 1시간 30분에서 30분대로 1시간 가까이 단축시킬 수 있어 수도권 서남부지역에서 서울로 출퇴근하는 지역주민들의 교통편의가 크게 향상될 것으로 예상됨.

1. 기획재정부는 8월 17일(월) 방○○ 제2차관 주재로「제2차 민간투자활성화 추진협의회」를 개최하였음. 국토부, 환경부, 해수부, 서울시 등 주요 민자사업 주무관청들 KDI, 교통연구원 등 관련기관 참석. 이날 회의에서는 새로운 민자사업 방식을 활용한 "신안산선 복선전철" 및 "경인고속도로 지하화" 추진방안과 기존사업들의 신속한 이행방안이 논의되었음. (이하 생략)

📖 예문 — 핵심(야마)과 전문

〈수정 전〉

1. 경기도는 13일 오전 10시 30분 ○○대학교병원에서 '경기남부 권역외상센터' 공식 개소식을 개최했다. 이날 개소식에는 남○○ 경기도지사를 비롯해 방○○ 보건복지부 차관, 이○○ 경기도 사회통합 부지사, 이○○·박○○·김○○·김○○·김○○ 국회의원, 윤○○ 경기도의회 의장, 원○○ 도의회 보건복지위원장 등 200여 명이 참석해 자리를 빛냈다.

2. 권역외상센터는 교통사고나 추락 등 사고로 인해 광범위한 신체 부위 손상을 입고, 다발성 골절, 과다 출혈 등의 심

각한 합병 증상을 보이는 중증외상환자에게 365일 24시간 병원 도착 즉시 최적의 치료를 제공할 수 있는 시설을 말한다.

3. 도 재난안전본부와 상시 협조체계를 구축, 헬기 이송 체계를 갖추어 중증외상환자 발생 시 신속한 이송과 처치가 가능하다. 이와 함께 석해균 선장의 주치의로 널리 알려진 국내 중증외상분야의 선구자 이국종 교수 등 우수 의료진 300여 명이 중증외상환자를 치료한다.

4. 경기남부 권역외상센터 건립에는 경기도와 정부의 적극적인 지원이 뒷받침됐다. 우선 경기도는 경기남부 권역외상센터 건립을 위해 2013년부터 올해까지 ○○대학교병원에 신축시설비 233억 원 가운데 200억 원을 연차별 지원했다.

5. 배○○ 도 보건복지국장은 "경기도는 교통사고 발생률, 교통사고 사망률, 산업재해 재해자수, 중증외상환자 발생률이 높은 만큼 권역외상센터의 역할이 매우 중요하다"며 "경기 남부지역 중증외상환자 사망률을 10% 미만으로 낮추도록 최선을 다하겠다"고 밝혔다.

※ 이 보도자료 전문의 3분의 2가 기관장 이름으로 채워져 있습

니다. 뉴스 밸류가 아니라 '윗사람 모시기'를 더 중시한 '의전형 보도자료'입니다. 기관장 이름보다 더 중요한 것은 이 센터에 중증외상분야의 상징인 이국종 교수가 참여한다는 사실과 중증외상환자 사망률을 10퍼센트 낮추겠다는 기대효과입니다.

〈수정 후〉

1. 경기도는 13일 오전 10시 30분 ○○대학교병원에서 '경기남부 권역외상센터' 공식 개소식을 개최했다. 석해균 선장의 주치의로 널리 알려진 국내 중증외상분야의 선구자 이국종 교수 등 우수 의료진 300여 명이 중증외상환자를 치료한다. 이를 통해 경기 남부지역 중증외상환자 사망률을 10% 미만으로 낮출 계획이다.

2. 이날 개소식에는 남○○ 경기도지사를 비롯해 방○○ 보건복지부 차관, 이○○ 경기도 사회통합 부지사, 이○○·박○○·김○○·김○○·김○○ 국회의원, 윤○○ 경기도의회 의장, 원○○ 도의회 보건복지위원장 등 200여 명이 참석해 자리를 빛냈다.

3. 권역외상센터는 교통사고나 추락 등 사고로 인해 광범위한 신체 부위 손상을 입고, 다발성 골절, 과다 출혈 등의 심각한 합병 증상을 보이는 중증외상환자에게 365일 24시간 병원 도착 즉시 최적의 치료를 제공할 수 있는 시설을 말한다.

4. 도 재난안전본부와 상시 협조체계를 구축, 헬기 이송 체계를 갖추어 중증외상환자 발생 시 신속한 이송과 처치가 가능하다.

5. 경기남부 권역외상센터 건립에는 경기도와 정부의 적극적인 지원이 뒷받침됐다. 우선 경기도는 경기남부 권역외상센터 건립을 위해 2013년부터 올해까지 ○○대학교병원에 신축 시설비 233억 원 가운데 200억 원을 연차별 지원했다.

6. 배○○ 도 보건복지국장은 "경기도는 교통사고 발생률, 교통사고 사망률, 산업재해 재해자수, 중증외상환자 발생률이 높은 만큼 권역외상센터의 역할이 매우 중요하다"고 밝혔다.

📖 **예문 - 본문 순서**

1. 2016년 6월 현재, 전국 2,200여 개의 차고지에 5천 대의

공유차량을 서비스하고 있는 ○○는 카셰어링 서비스 이용에 가장 중요한 요소인 접근성을 크게 개선했다는 평가를 받고 있다. 전국 주요도시 기준으로 10분 내 거리에서 이용이 가능하도록 인프라를 확대함으로써, 카셰어링 서비스의 잠재수요를 이끌어낼 수 있을 것으로 기대된다.

2. ○○ 임○○ 사업본부장은 "○○가 서비스 시작 4년 만에 공유차량 5천 대 돌파라는 전인미답의 고지를 밟을 수 있었던 배경에는 고객들의 적극적인 참여가 있었다"며, "대한민국 카셰어링 문화를 더욱 풍성하게 하기 위한 다양한 노력들을 경주할 것"이라고 밝혔다.

3. 아울러 ○○에서는 이번 공유차량 5천 대 돌파를 기념하여 '○○ 5천 대 ○○ ○○○'라는 타이틀로 다양한 이벤트를 진행하고 있다. 전국 500개 기념 ○○존(차고지)에서 50% 할인된 대여요금으로 카셰어링 서비스를 이용할 수 있으며, SUV 차종(티볼리, 트랙스, QM3 등)에 한해 5시간 이상 이용 시 주행거리 50km까지 주행요금을 면제해 주고 있다. 아울러 최근 론칭한 ○○○ 프리미엄 차종(520d, X3)에 대해서도 할인 및 무료 쿠폰을 지급하는 등 고객의 다양한 니즈를 충족시키기 위한 이벤트를 운영 중이다.

4. 대한민국 1등 카셰어링 ○○(대표 이○○)가 국내 업계 최초 공유차량 5천 대를 돌파했다고 밝혔다. 2012년 제주에서 100대의 차량으로 서비스를 시작한 이후 4년 만에 달성한 성과로 전 세계에서도 유래를 찾기 힘든 빠른 성장세다.

5. ○○의 이번 공유차량 5천 대 돌파 프로모션에 대한 자세한 내용은 ○○ 홈페이지와 애플리케이션, 페이스북 페이지 등에서 확인할 수 있다.

※ 보도자료의 순서를 뒤섞었습니다. 4번이 전문입니다. 전문에서 공유차량 5천 대 돌파가 핵심이기 때문에 이를 부연 설명하는 1번이 첫 번째 본문으로 와야 합니다. 3번과 5번은 공유차량 5천 대 돌파에 따른 프로모션과 이벤트 내용입니다. 2번이 발언 인용으로 제일 마지막에 옵니다. 올바른 순서는 4-1-3-5-2입니다.

# 이메일
# 문자

## 이메일

### 📖 특징

이메일은 현대인에게 가장 중요한 소통의 도구입니다. 현대인의 하루는 이메일에서 시작해 이메일에서 끝난다고 해도 과언이 아닙니다. 세계적으로 하루에 수천억 개 이상의 이메일이 오간다고 합니다. 그러나 그 가운데 수신자가 열어 보는 것은 채 2퍼센트가 되지 않는다는 통계가 있습니다. 어떻게 해야 나의 이메일이 휴지통으로 가지 않고 수신자가 클릭하도록 할 수 있을까요?

이메일을 작성할 때 많은 사람이 고민하는 것 가운데 하나

종류별 문해력 키포인트 ●

는 업무상 용건만 간략하게 보내야 하는지, 아니면 안부부터 물어야 하는지의 문제입니다. 이메일은 업무상 편의를 위한 것이기도 하지만 편지의 성격도 갖고 있습니다. 이메일을 통해 업무적 용건만 전달할 것이 아니라 가볍게 정서적 터치를 가미함으로써 수신자와 발신자 사이에 라포(rapport)를 형성하는 것이 좋습니다. 이렇게 되면 이메일 내용과 별개로 발신자는 수신자에게 호감을 갖게 됩니다.

수신자와 미리 아는 사이라면 그의 안부를 묻거나 자신의 에피소드를 들려주는 것이 좋고 초면이라면 날씨나 계절을 화제로 인사를 건네는 것이 좋습니다. 보고서처럼 딱딱하고 공식적인 문어체보다는 수신자와 대화하거나 말을 걸듯이 구어체로 쓰는 것이 좋습니다.

수신자에 대한 배려도 중요합니다. 특히 글자의 포인트에 신경 써야 합니다. 발신자가 별도로 설정하지 않으면 대부분의 이메일 사이트는 10포인트 크기로 디폴트가 맞춰져 있습니다. 만일 수신자가 40세 이후 노안이 찾아오기 시작한 사람이라면 읽기에 아주 고통스러운 글자 크기입니다. 이메일의 내용이나 성격에 따라 서체, 디자인, 스킨까지 수신자가 읽기 쉽고 호감을 느낄 수 있도록 배려해야 합니다. 수신자가 주목해야 할 부분은 굵은 글씨, 밑줄, 색상 처리를 해 도드라지게 표현하는 것이 현명합니다.

업무용 이메일을 보내는 시간도 각별한 신경을 써야 합니다. 급한 용무가 아닌데도 퇴근 이후, 주말, 휴일에 보내면 상대방에게 큰 실례일 뿐만 아니라 회신받기도 어렵습니다. 가급적 일과 중에 보내야 합니다. 개봉률을 높이려면 수신자가 하루 일과를 시작하기 이전이나 점심 직후가 적당합니다. 회신 메일은 하루를 넘기지 않아야 하고 즉답이 어려울 경우 언제까지 검토해 회신하겠다고 미리 알립니다.

개인 메일과 공적 메일을 구분해야 합니다. 미국의 힐러리 클린턴 전 국무장관이 두 메일을 혼용해 커다란 곤경에 처한 사례를 기억할 것입니다. 이메일은 공개될 가능성이 높고 두고두고 기록으로 남는다는 점도 염두에 둬야 합니다. 그런 가능성을 전제로 내용을 선택하고 소통해야 합니다.

대면 소통을 회피하기 위한 수단으로 이메일을 쓰는 것은 바람직하지 않습니다. 사안의 경중에 따라 대면보고, 서면보고, 전화보고 등 보고의 형식을 잘 선택해야 합니다. 여러 사람에게 같은 내용을 알릴 때, 보고자료 파일을 전송할 때, 구두보고나 전화보고보다 글로 전달하는 것이 더 효과적일 때 이메일을 선택합니다.

## 📖 형식

| | |
|---|---|
| 이름 | – 발신자의 이름이 수신자에게 어떻게 나타나는지 확인<br>– 공적, 업무 이메일의 경우 닉네임보다 직책명이 포함된 실명을 사용<br>– 이메일 주소를 만들 때는 이름이나 출생지, 생년월일 등을 활용한 평범형(daeyasan66, parkjehee87)이나 자신이 좋아하는 문구나 단어를 활용한 가치형(letitbeme, hurdler, peak15)이 바람직<br>– 수신인, 참조, 숨은 참조를 구분하고 참조를 남발하지 않음<br>– 단체 메일로 보낼 때 가급적 단체 메일주소가 다 노출되게 보내지 말고 개인주소만 노출되도록 보냄. 이메일 수신자가 노출되는 것이 꺼려지는 경우도 있음. 어느 수준에서 공유할 것인지에 따라 신중하게 선택<br>– 서명 기능을 적극 활용(이름, 학교명, 주소, 연락처, 프로필, 저서, 경력, 좌우명 등) |
| 제목 | – 클릭과 개봉 여부를 결정하기 때문에 흥미와 궁금증 유발할 수 있는 카피나 핵심요약 형태로 작성<br>– 목적이나 요청사항을 분명히 밝힘<br>〈자료〉 햇빛주식회사 ¼분기 매출액 추이<br>〈요청사항〉 여름 휴가 계획서 입력<br>〈지원〉 벤처창업경연대회 2회차 – (주)솔라테크<br>〈초대〉 투자고수 은행 VIP 간담회<br>– 수신자의 구체적 행동을 요구한다면 〈회신〉 〈전달〉 〈실행〉이라고 표시<br>– 아주 중요하거나 긴급한 것이라면 〈중요〉 〈긴급〉이라고 표시<br>– 메일 이름에 회사, 기관명이 표시된다면 제목에서 반복하지 않아야 함<br>– 제목이 잘리지 않고 칸에 다 들어갈 수 있도록 15자 이내로 작성<br>– 업무용 이메일에선 '냉무, ㄴㅁ'같은 표현은 실례 |

| | |
|---|---|
| 본문 | – 인터넷은 뎁스(depth)의 싸움, 클릭 수를 최대한 줄이는 것이 유리. 첨부 파일보다 가급적 본문에 주요내용을 소화. 본문에 첨부파일 내용을 요약하거나 도입부, 주요 부분을 발췌해 노출<br>– 본문은 두괄식 구성으로 용건을 먼저 쓰고 근거/이유를 일목요연하게 정리<br>– 한 통의 메일엔 가급적 한 가지 이슈만 담음<br>– 첨부파일도 클릭하고 싶도록 제목을 표현<br>– 첨부 파일 확인<br>– 파일 열었을 때 커서 위치 주의. 문서를 작성한 다음 커서 위치를 맨 앞으로 이동시킨 다음 첨부 |
| 링크 | – 인터넷으로 연결되는 자료에 링크를 걸 때 제대로 열리는지, 주소는 정확한지 반드시 확인<br>– 뉴스나 광고 웹메일은 너무 많은 링크를 제시하지 말고 임팩트 있는 두세 개의 아티클로 클릭 유도, 나머지는 클릭해서 웹 페이지에서 선택<br>– 내용 등록이나 의사표시가 필요한 경우 미리 양해를 구하고 설명, 1~2분 내 작성이 가능하도록 설계 |

📖 **예문 — 공지 이메일**

〈수정전〉

받는 사람: ○○그룹 각 팀장

보내는 사람: 교육 담당 팀장 나○○

날짜: 2월 23일(금요일) 5:30 pm

## 제목: 팀장 교육

그룹사 팀장 여러분, 잘 지내셨나요? 중요한 변경사항이 있어 알려드립니다. 5월 16~18일 서울 본사 전체 집합교육을 서울, 부산, 광주 세 지역의 권역별 교육으로 변경하고자 합니다. 국내 최고의 전문가들이 각 지역을 직접 방문할 예정입니다. 세 지역 가운데 어느 지역에서 교육을 받으면 좋을지 알려주세요. 권역별 교육 일정은 서울(5월 16~18일), 부산(5월 23~25일), 광주(5월 28~30일)입니다. 만일 교육 일정을 맞출 수 없다면 교육팀(내선1234)으로 연락주세요. 별도의 보충 교육 일정을 잡겠습니다. <u>4월 6일까지 교육 일정을 확정해야 하니 3월 30일까지 등록해주세요.</u> 권역별 교육으로 변경한 것은 여러분의 편의를 고려했기 때문입니다. 적극적인 참여 바랍니다.

※ 보내는 시각이 주말 퇴근 시간 직전입니다. 제목이 모호해 한눈에 용건을 파악하기 어렵습니다. 미괄식, 서술식 문장이라 본문을 자세히 읽지 않으면 요청 내용이 무엇인지 알아낼 수 없습니다. 다음과 같이 수정합니다.

〈수정 후〉

받는 사람: ○○그룹 각 팀장
보내는 사람: 교육 담당 팀장 나○○
날짜: 2월 22일(목요일) 9:00 am
제목: 〈요청〉 3월 30일까지 팀장 교육 등록

그룹사 팀장 여러분, 잘 지내셨나요? 5월 16~18일 서울 본사 전체 집합교육을 서울, 부산, 광주 세 지역의 권역별 교육으로 변경하고자 합니다. 4월 6일까지 교육계획을 확정해야 하니 3월 30일까지 등록해주세요.

〈권역별 교육 일정〉 서울(5월 16~18일) / 부산(5월 23~25일) / 광주(5월 28~30일)

만일 교육 일정을 맞출 수 없다면 교육팀(내선1234)으로 연락주세요. 별도의 보충 교육 일정을 잡겠습니다. 국내 최고의 전문가들이 각 지역을 직접 방문할 예정입니다. 권역별 교육으로 변경한 것은 여러분의 편의를 고려했기 때문입니다. 적극적인 참여 바랍니다.

〈수정 전〉


수신: / 발신: / 날짜: /

제목: <u>소매가격 자료조사</u>


<u>마케팅팀 조○○입니다.</u>

지난 이메일에서 소매가격 자료조사에 관해 두 가지 보완 사항을 말씀드렸습니다. 이와 별도로 몇 가지 협조 사항을 말씀드리겠습니다.

현재 연중 바겐세일을 실시하는 가게 등 시장가격을 왜곡하는 경향이 있는 B급 가게들이 상당수 조사 대상에 포함되어 있습니다. 820개의 조사 대상 가게 중에서 35%인 287개 가게만이 A급에 해당됩니다. 이 가게들은 거래량이 많고 경쟁력을 매우 중요하게 여깁니다.

따라서 B급 가게까지 모두 포함하면 우리의 핵심 시장에서 실질적인 가격 현황을 파악하기 어려우므로, 35%의 A급 가게만을 대상으로 조사해 주십시오. 이것이 여의치 않다면 조사 대상에 A급 가게들을 더 많이 포함시켜 주시기 바랍니다.

아울러 좀 더 세밀한 조사를 부탁 드립니다. <u>소매가격 자료</u>

조사가 시장 상황을 제대로 반영할 수 있도록 대상 가게를 변경해 주기 바랍니다. 다시 한번 협조 요청 드립니다.

※ 제목이 너무 포괄적입니다. 정서적 터치 없이 용건만 이야기 하고 있습니다. 미괄식, 서술식이라 요청사항을 정확하게 파악하기 어렵습니다.

〈수정 후〉

수신: / 발신: / 날짜: /
제목: 소매가격 자료조사 대상 변경

안녕하십니까. 무더위가 며칠째 계속되고 있어 각별히 건강에 유의하시기 바랍니다. 마케팅팀 조○○입니다. 소매가격 자료조사가 시장 상황을 제대로 반영할 수 있도록 대상 가게를 변경해 주기 바랍니다.

1. A급 가게만 조사해 주세요.
   ― 현재 연중 바겐세일을 실시하는 가게 등 시장가격을 왜곡하는 경향이 있는 B급 가게들이 820개의 조사 대상 가게 중 65% 포함되어 있습니다.

— 35%(287개)인 A급 가게는 거래량이 많고 경쟁력을 매우 중요하게 여깁니다.

— 따라서 B급 가게까지 모두 포함하면 우리의 핵심 시장에서 실질적인 가격 현황을 파악하기 어렵습니다.

2. 이것이 여의치 않다면 조사 대상에 A급 가게들을 더 많이 포함시켜 주세요.


좀 더 세밀한 조사를 부탁드립니다. 다시 한번 협조요청 드립니다.


## 문자 서비스, 메신저

### 📖 특징

문자 서비스는 가장 즉각적인 방식으로, 실시간으로 소통할 수 있는 방법입니다. 휴대전화 문자에서부터 메신저 전용 프로그램, SNS 메신저까지 다양한 문자 서비스 전달 수단이 있습니다. 공식적, 업무적 관계에선 휴대전화 문자를 사용하는 것이 좋고 어느 정도 친밀도가 형성된 다음엔 카카오톡 같은 메신저 서비스를 쓰면 편리합니다. 더 가까운 사이에선 페이스북이나 인스타그램 같은 SNS 메신저를 이용하기도 합니다. 관계의 밀도에 따라 어떤 수단을 사용하는 것이 가장 무난

한지 판단해야 합니다.

문자 역시 맞춤법을 따르는 게 원칙이지만 상황에 따라, 입말의 특성을 살리기 위해 엄격하게 적용하지 않아도 됩니다. 가까운 지인이나 가족 등 정서적 관계에선 맞춤법이나 철자법을 조금 틀려도 괜찮습니다. 오히려 정색하고 문법을 따랐을 때보다 친근감을 만들기가 수월합니다. 경계심을 풀어 주는 역할도 합니다. 구어체, 대화체를 사용해 이야기하듯 문자를 주고받습니다.

업무적 관계일 땐 맞춤법, 철자법이 틀리지 않도록 주의해야 합니다. 사소한 오타, 비문 하나 때문에 상대방에게 좋지 않은 평판과 이미지를 줄 수 있습니다. 그렇다고 너무 경직된 문어체를 사용하는 것도 어색합니다. 가장 이상적인 것은 말하듯 쓰되 문장으로서의 요건과 품격을 어느 정도 갖춘 구어체적 문어체로 표현하는 것입니다.

한 문장씩 조각글로 보낼 것인가, 문장 전체를 다 완성해서 덩어리글로 보낼 것인가도 고민입니다. 지나치게 짧게 보내면 상대방을 번거롭게 만들 것이고 지나치게 길게 보내면 상대방을 힘들게 만들 수 있습니다. 어떤 사람은 항상 메모장에 초고를 미리 쓴 다음 퇴고를 한 후 그것을 복사해 상대방에게 문자로 보낸다고 합니다.

정서적 관계일 때는 조각글이 좋습니다. 티키타카, 서로 대화하거나 수다를 떠는 느낌을 최대한 살립니다. 이렇게 문자를 주고받으면 서로 밀당도 가능하고 맞장구도 칠 수 있습니다. 정서적 관계라고 해도 정리된 생각을 전달할 땐 편지처럼 덩어리글을 보내는 것이 낫습니다.

업무적 관계일 때는 덩어리글이 좋습니다. 서로 바쁜 시간을 쪼개어 소통을 하는 것이기 때문에 조각글로 보내면 상대방의 시간을 너무 많이 빼앗게 됩니다. 한참 문자를 주고받았지만 정작 용건이 무엇인지 모호할 수 있습니다. 내용 단락별로 보내야 용건 파악이 용이합니다. 이메일처럼 간단한 정서적 터치를 한 후 전달할 내용을 두괄식으로 전개하는 것이 좋습니다.

이모티콘은 문자 텍스트의 한계를 보완해 주는 역할을 합니다.

나: 너 화났니?

너: 화 안 났어.

나: 너 진짜 화났구나.

너: 화 안 났다는데, 왜?

나: 미안. 화난 줄 알고

너: ⋯⋯

드러난 텍스트만으로는 상대방의 심리 상태를 충분히 알아채기 힘들다는 사실을 보여 주는 문자 대화 내용입니다. 아마도 여기에 이모티콘이 사용됐다면 상대방의 마음을 훨씬 더 정확하게 읽을 수 있었을 것입니다. 1982년 미국 카네기멜론대 스콧 펠만(Scott Fahlman) 교수가 처음 사용한 이모티콘은 '이모션(emotion) + 아이콘(icon)'의 합성어로 감정을 보여 주는 비언어적 도구입니다. 텍스트의 한계를 보완해 주고 텍스트의 무거움을 덜어 주는 도구입니다. 동양은 눈 표정( ^_^ / ;_; / T.T ), 서양은 입 표정( :) / :D / :( )을 주로 묘사합니다. 정서적 관계에선 아낌없이 사용하고 업무적 관계에서 절제해 사용합니다.

종류별 문해력 키포인트

1. **정답 ③**. 결재권자는 사업의 경과(1, 2, 4)보다 결과, 자신이 판단해야 할 향후 계획이 더 궁금하다.
2. **정답 ④**. 이 홈페이지의 이용자는 장애인이거나 장애인을 가족으로 둔 사람들이다. 어떤 서비스를 받을 수 있는지가 가장 궁금할 수밖에 없다.
3. **정답 ③**. 「탈무드」 내용은 용건을 더 풍부하게, 자세하게 설명해주는 참조 내용이다. 용건의 논리가 성립하기 위한 대전제라고 할 수 있다.
4. **정답 ①**. 국가공무원의 사례는 의원의 영리업무 종사에 대한 심각성을 환기하기 위한 참조 내용이다.
5. **정답 ③**. 워크숍 일정을 변경하기 위한 이메일이기 때문에 변경된 시간을 알리는 것이 결론, 용건이다.
6. **정답 ②**. 소상공인복합지원센터 구축운영은 산업이란 상위 카테고리 아래 두는 것이 맞다.
7. **정답 ③**. 5번의 예문은 이 글에서 경과에 해당한다. 경과의 내용이 많을 경우 추진경과라는 항목을 별도로 만들지만 그렇지 않을 경우 추진배경 속에 녹여내 표현한다.
8. **정답 ④**. 공유차량 5천 대 돌파가 이 보도자료의 핵심 내용이다. 보

도자료는 핵심 내용을 첫 번째 문단으로 보낸다.

9. **정답 ③.** 백분율의 증감은 퍼센트가 아니라 퍼센트p라고 표기한다.
11.5퍼센트가 아니라 11.5퍼센트p가 맞다.

10. **정답 ③.** 보건복지부 소관 보조금의 관리체계 개편안을 2023년
4월까지 마련한다는 것이지 문제 사업 개선까지 완료한다는 의미
는 아니다.

11. **정답 ③.** 환수금액이 5억 원이면 '1억 원 초과 5억 원 이하(3천만 원
+1억 원 초과금액의 20퍼센트)'구간이기 때문에 '3천만 원 + 8천만
원(4억 원 ×0.2) = 1억 1천만 원'이다.

12. **정답 ③.** 비영리 민간단체의 지원 보조금 내용이기 때문에 3번 문
단 뒤에 오는 것이 맞다.

13. **정답 ②.** 보건복지부 소관 보조금의 관리체계 개편안을 만드는 데
의사결정을 위한 회의 내용까지 포함시킬 필요는 없다.

※ 직장인 124명을 대상으로 이 문제를 테스트한 결과는 다음과
같습니다. 자신이 어느 구간에 해당하는지 살펴볼 수 있습니다.

| 정답수 | 응답자 수 | 응답비율(%) |
|---|---|---|
| 0~2 | 0 | 0 |
| 3 | 1 | 0.8 |
| 4 | 5 | 4.0 |
| 5 | 6 | 4.8 |
| 6 | 13 | 10.5 |
| 7 | 21 | 16.9 |
| 8 | 28 | 22.6 |
| 9 | 26 | 20.9 |
| 10 | 15 | 12.1 |
| 11 | 4 | 3.2 |
| 12 | 5 | 4.0 |
| 13 | 0 | 0 |

정답 및 해설

## 어느 직군에 종사합니까?

응답 124개

〈표본 구성〉

- ● 경영·사무·금융
- ✦ 연구·공학 기술
- ☺ 교육·법률·사회복지·경찰·소방
- ◕ 보건·의료
- ◑ 예술·디자인·방송·스포츠
- ☺ 미용·여행·숙박·음식·경비·청소
- ● 영업·판매
- ○ 건설·설치·정비·생산직
- ● 기타

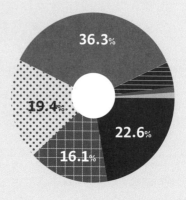

## 당신의 직책은 무엇입니까? (택지에 없다면 가장 가까운 쪽으로 체크)

응답 124개

〈표본 구성〉

- ● 인턴
- ● 사원
- ☺ 대리
- ◕ 과장
- ● 차장
- ● 부장
- ☺ 기타

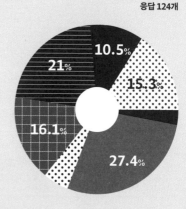

## 당신의 연령은 다음 중 어디에 속합니까?

응답 124개

### 〈표본 구성〉

- ● 20대
- ◐ 30대
- ◕ 40대
- ● 50대

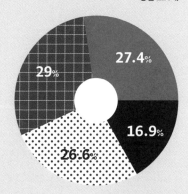

## 직장 생활을 한 기간은?

응답 124개

### 〈표본 구성〉

- ● 1년 미만
- ◕ 1~3년
- ◐ 3~5년
- ● 5~10년
- ● 10년 이상

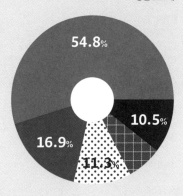

정답 및 해설 ●

# 오피스 문해력

**1판 1쇄 발행** 2023년 11월 10일
**1판 2쇄 발행** 2024년 2월 5일

**지은이** 백승권

**펴낸이** 김유열
**디지털학교교육본부장** 유규오 | **출판국장** 이상호 | **교재기획부장** 박혜숙
**교재기획부** 장효순, 서정희 | **북매니저** 윤정아, 이민애, 정지현, 경영선
**책임편집** 김승규 | **디자인** 오하라 | **인쇄** 우진코니티

**펴낸곳** 한국교육방송공사(EBS)
**출판신고** 2001년 1월 8일 제2017- 000193호
**주소** 경기도 고양시 일산동구 한류월드로 281
**대표전화** 1588-1580 | **이메일** ebsbooks@ebs.co.kr
**홈페이지** www.ebs.co.kr

**ISBN** 978-89-547-7915-9  13700

© 2023, 백승권